التشكيل البصري في الشعر العربي

د. بوجمعة العوفي

التشكيل البصري
في الشعر العربي

إصدارات دائرة الثقافة، حكومة الشارقة 2022 م

الناشر: دائرة الثقافة ــ حكومة الشارقة ــ دولة الإمارات العربية المتحدة

هاتف: +9716 5123333

بـرّاق: +9716 5123303

بريد إليكتروني: sdc@sdc.gov.ae

811.964

ع ب . ت

العوفي، بو جمعة

التشكيل البصري في الشعر العربي/ بو جمعة العوفي.-الشارقة، الإمارات العربية المتحدة : دائرة الثقافة، 2022.

156 ص؛ 21X14 سم.

يشتمل على إرجاعات ببليوجرافية.

1 ــ الشعر العربي ــ المغرب ــ تاريخ ونقد

2 ــ الشعر العربي ــ المغرب ــ دواوين وقصائد

3 ــ الجمال في الشعر العربي

أ ــ العنوان

ISBN: 9789948439929

«أن تكتُب وترسُم: كانت كلمة واحدة تكفي

للدلالة على نفس الشيء

في الحضارة المصرية القديمة».

(لويس أراغون – Les collages)

«الأسلوب بالنسبة للكاتب، كاللون بالنسبة للرسام، ليس

السؤال هنا سؤال تقنية، بل سؤال رؤية»؟

(مارسيل بروست – Le temps retrouvé)

مقدمة

تكمُن الغايات الرئيسة لاختيار «التشكيل البصري في الشعر العربي»، موضوعاً لهذا الكتاب، في عِدّة أسباب من أهمها أن الكثير من خصوصيات حضور الجمالي والبصري في هذا الشعر، سواء تعلق الأمر بالهيأة أو التمظهر البصري للقصيدة، أو مزاوجة الشعري بالتشكيلي بداخلها، ظل ولا يزال، بجميع أسئلته وصيَغ إنجازِه، يشكل حافزاً أو إغراءً معرفياً مشفوعاً لدينا برغبة مُلِحّة في الاقتراب من بعض مجاهله. ثم لأن العديد من القضايا الجمالية والتعبيرية لهذا الشعر (وخصوصاً في شقها البصري)، ما زالت غير مطروقة بما فيه الكفاية، وبالقدر الضروري والأساسي كذلك من التقصي المعرفي والبحث الجمالي، سواء من لدُن البحث الجامعي العربي، أو غيره من أشكال الاشتغال النقدي والكتابي في مدونة النقد العربي الذي يُنجز خارج الجامعة كذلك.

إلا إذا استثنينا من ذلك بعض الدراسات الجادة والقليلة نسبياً، حول قضايا ومواضيع من هذا النوع، تخص الوعي الجمالي أو التشكيل

البصري في الشعر العربي، والتي سنتناول بعض نماذجها وتجاربها الأساسية، ضمن سياقات المحاور المطروقة في هذا الكتاب. مع محاولتنا ورغبتنا الحثيثة والشغوفة أيضاً في الإنصات إلى بعض طروحاتها، وأشكال تقصيها لقضايا وأسئلة الجمالي والبصري، و«إبدالات» وتحولات النص الشعري العربي المعاصر ضمن هذا المنحى التعبيري المغاير في آخر المطاف.

هو المنحى الذي أكدَتْه كذلك، ولو ضِمْنَ رؤى شعرية وسياقات وأشكال اشتغال خاصة و«مُخاتِلة» أحياناً، بعض المحاولات والتجارب والمقترحات التعبيرية والجمالية الأساسية في مسار هذا الشعر. إنها المقترحات أو المحاولات الجمالية، التي وضعت النص الشعري العربي، في عُمق الكتابة، وعلى تخوم تعبيرية وجمالية، سنحاول قدر المستطاع، الكشف، من خلال بعض نماذجه، عن العديد من بنياتها، وخصائصها، ودلالاتها التعبيرية والجمالية.

بدايةً، نشير، ضمن تحديدنا أو تأصيلنا النظري الأول لفكرة الكتاب وموضوعه، إلى أن ما نقصده بالتشكيل البصري في الشعر العربي: هي تلك التجارب الشعرية العربية التي راهنتْ، بل انخرطتْ بشكل واضح، وعلَني، وجَسور، في العديد من «الإبدالات» الشكلية والبصرية والتحولات الجمالية والتعبيرية الجديدة للقصيدة، انطلاقاً من تعبيرها الخطي، وصـولاً إلى توظيفها لعناصر غير لسانية وتشكيلية دالة في رحمها، ومحاولتها مزاوجةً الشعري بالتشكيلي بشكل أساس.

وما سوف تشمله الدراسة، هنا، هو بعض المتون الشعرية العربية المنتسبة أساساً إلى بنيات بصرية ـ صورية واضحة ومجسدة فضائياً

ومكانياً: بنيات تجعل من هذه القصيدة عملاً إبداعياً شاملاً، ومنفتحاً على إيقاعات بصرية وغير سماعية، تنقل قارئها من وضع السماع إلى وضع المشاهدة، والتأمل، والإدراك البصري، ثم تُدخله، بالتالي، في تجربة تفاعل حسي شامل وكُلّي، تشتغل معه لدى هذا القارئ – الناظر كل الحواس، ويكون، من ثَمَّ، إدراكُ القصيدة، كما فِعْلُ تلقيها، شاملاً ومتعدداً.

أما التحديد الثاني لموضوع الكتاب، فهو انكبابه على كشْف وتحليل العديد من البنيات والتشكيلات البصرية الدالة، في نماذج من التجارب الشعرية العربية، المطبوعة والمنشورة في مجلات ودواوين أو مجاميع شعرية، حاولتْ إيجاد علاقة فعلية بين الشعري والتشكيلي أو بين خطابيْ الشعر والتشكيل، ضِمْنَ العديد من أشكال التنفيذ أو التجسيد الفني والبصري لهذه العلاقة.

تلك إذاً بعض التخوم الممكن مساءلتُها بصرياً ودلالياً وجمالياً في التجربة الشعرية العربية، تُخومٌ حتى وإن لم يكن هناك من اتفاق أو إجماع داخل القراءة والنقد العربي بنعتها، هنا ومرحلياً على الأقل، بالجديدة والمغايرة، وحتى إنْ جاءت كذلك هذه التخوم أو التجارب الشعرية البصرية، مطبوعة أحياناً بالقِلة، والتشابه، وعدم التنوع، والتشظي، ومحكومة أيضاً برؤى وتداعيات فَهْم شخصي للحداثة الشعرية، فهي قد عملتْ، مع ذلك في نظرنا، على خلخلة العديد من البنيات التقليدية والسائدة في مدونة الشعر العربي، وعلى رأسها البنية الإيقاعية السماعية للنص، والتي جعلتْ خطاب النص الشعري ودلالته، يقتصران فقط على العنصر اللساني دون غيره من باقي

العناصر والتشكيلات البصرية الأخرى في هذا النص.

ذلك ما سنحاول، قَدْر الإمكان، إظهاره وتحليله فيما يخص مدى «حداثة» و«مغايرة» هذه التجارب الشعرية العربية ورهانها الدؤوب على خلق وترسيخ ملمح وخطاب بصريْن «جديديْن» و«مغايرين»، على الأقل بالنسبة لما كان سائداً في مدونة الشعر العربي طيلة عصور أو عقود من الزمن، بالرغم من وجود تقييمات ووجهات نظر أخرى كثيرة، مناقضة، ومغايرة أيضاً لرأينا وطرْحنا، ولما ذهبنا إليه، أو، بالأحرى، لما انتصرنا إليه كذلك في هذا الكتاب، من أشكال الرؤية، والتقييم، والقراءة الخاصة بموضوع «التشكيل البصري» في الشعر العربي على وجه التحديد.

هكذا، فضّلنا أن نترك أيضاً هذا الرأي أو الطرح، بمثابة واحدة من الفرضيات العامة والقائمة في هذه الدراسة، وخصوصاً بالنسبة لرصد التحولات التعبيرية والجمالية الطارئة على القصيدة الجديدة، وتحولات صِيَغ الشعرية العربية والأسئلة المصاحبة لها كذلك، مع استثناء مهم، لا بدّ من التنصيص عليه كذلك ضمن هذا التأصيل النظري لموضوع الكتاب، والذي يعني بشكل خاص مدونة الشعر الأندلسي التي كانت سبّاقة إلى التأسيس لهذا «الخروج» الشكلي والجمالي في القصيدة، وأدخلتْ تنويعاً بصرياً مهماً كذلك على جسد النص الشعرّي، تجلى بشكل أساس في تكسير الموشح الأندلسي للمظهر البصري العمودي (متقابل الأشطر) للقصيدة العربية، هو المظهر الذي كان سائداً ومألوفاً في شكلها وبنيتها التقليدية، حيث يقترح الموشح الأندلسي شكلاً أو أشكالاً جديدة للقصيدة، من أهمها

ما تحقق على مستوى بنية الشكل، حيث «تنتظم الأسماط بين المطلع والقُفل في توازٍ عمودي، كما تتقابل الأغصان هندسياً بالنسبة لنقطة فاصلة هي السَّمْط التالي. وهذا التناسق البصري يحيل مباشرة على الاستعارة في تسمية الموشح»[1].

هكذا عَمِل الشعر الأندلسي على منْحِ جمالية مكانية وتشكيل بصري آخر ومغاير ومتعدد للقصيدة، وخصوصاً ما يدخُل منه ضمن أبواب «البديع»، سواء ذلك الذي كتبه شعراء أندلسيون أو مغاربة ابتداءً من أواخر القرن الثالث الهجري. هذه المدونة التي عرفت فيها التجربة الشعرية العربية، على مستوى البنية والشكل، خروجاً عن النمط التقليدي والتقابلي لأشطر القصيدة، ثم نقلة مهمة ونوعية، فيما يخص شكل القصيدة وبنياتها المكانية والفضائية كذلك. إذ تجسدتْ في تدويناتها الشكلية الجديدة، بشكل ملحوظ، العديد من الأشكال البصرية للنص الشعري. فهناك مَنْ كتَب قصائد على شكل مربعات، ومَنْ كتَبها على شكل دوائر ومثلثات، ومَنْ كَتَب هذه القصائد وفْقَ أشكال هندسية ونباتية، هي غاية في الزخرفة والتزويق والتنميق والترصيع.

هذا يجعلنا نُقِرّ، مؤقتاً أو مرحلياً على الأقل، بأن العديد من التجارب الشعرية العربية المعاصرة، انطلاقاً من أسئلتها ومرجعياتها المتنوعة، وأشكال وعيها البصري والجمالي (أجيال ما بعد الستينيات على الخصوص) ـ ظلتْ ـ بالنسبة لنا مقرونة بقناعة شبه راسخة، يمكن إيجازها في كون التشكيل البصري والمكاني والفضائي للقصيدة العربية، قد أصبح واقعاً تعبيرياً وجمالياً يفرض نفسه، ثم مكوناً دالاً وأساسياً من مكونات الخطاب الشعري العربي المعاصر برمّته.

مِنْ هنا، لن يكون الدفاع عن بعض غايات هذا الكتاب، والتأصيل لفكرته، سوى شكل من أشكال الإصرار على جعل موضوعه وحُجّته بمثابة نوع من التأكيد على اندغام أو تداخل الذاتي بالموضوعي، ومحاولة الوصول باستقراءات الدراسة إلى نتائج، قد تسهم في إضاءة بعض فراغات العين الحاصلة في الملمح أو التشكيل البصري الخاص بالقصيدة العربية. هي الفراغات التي تتشوق وتحاول هذه التورطات كلها في البحث، والكتابة، والإبداع الشعري العربي، الوصول بها، ليس إلى حقائق معرفية وجمالية تخص الإبداع الشعري العربي في حد ذاته، بل إلى مشروع خُطاطة بحثية وإبداعية تشير، على الأقل، إلى جزء أو فرع من شجرة الأنساب البصرية الكبرى لجمالية الشعر العربي، والتي لن تكون هنا سوى مدونة الشعر الأندلسي.

مع التأكيد على أن دراسة الخصائص البصرية للنص الشعري العربي الجديد وتشكيلاته البصرية الملموسة والواضحة، وخصوصاً في شقه الخطي أو «الكاليغرافي calligraphique»، تظل مسألة على قدر كبير من الأهمية والصعوبة والتعقيد، ليس فقط بسبب حداثة وقِلة المناهج النقدية الخاصة بدراسة هذا النوع من الشعر حتى في الغرب نفسه، بل انطلاقاً كذلك من أهمية الهيئة البصرية للقصيدة الجديدة، وفضائها الخطي، ومساحاتها النصية، وتشكيلاتها البصرية والمكانية والخطية وإشاراتها الخارجية من: عناوين، وحواشي، وهوامش، وعلامات ترقيم، وخطوط، وألوان، وأشكال، وعناصر تشكيلية، وفراغات، وبياضات، وعلامات غير لغوية وغيرها. بحيث لم تعد هذه الخصائص أو العناصر خافية على عين قارئ هذه القصيدة

ومُشاهِدها، ولم تعُد استعمالاتها مجرد نزوة أو ترف جمالي عابر، بل أصبحتْ واقعاً جمالياً جديداً في الكتابة والتداول الشعري العربي الجديد (إبداعاً وقراءة كذلك).

مما يحتم أيضاً على كل قراءة أو مقاربة نقدية جديدة، أن تأخذ بعين الاعتبار وجود هذا «الواقع البصري والجمالي الجديد»، وتواجد هذه الإشارات الخارجية غير اللغوية والعناصر التشكيلية داخل مساحة النص أو رَحِم القصيدة، لتعمل، بالتالي، على تأويل بِنْياتها الدلالية الظاهرة والعميقة، وتأثيرها المباشر في تعبيرية النص الشعري البصري العربي وتلقّيه. ومِن ثَم، يصبح لهذه الإشارات والعناصر البصرية في القصيدة الجديدة بلاغاتٌ أخرى: خطية، ومكانية، وإشارية، وعلاماتية، وتشكيلية بالأساس، ينبغي الالتفات إليها ضمن أبعاد ومداخل وأنماط نقدية جديدة، يكون قوامها «القراءة البصرية» عِوَض «القراءة اللغوية». باعتبار أن القصيدة العربية المعاصرة تجاوزتْ راهناً، في العديد من نماذجها وتجاربها، طور الشفهية والإنشاد والسماع، إلى طور القراءة بفُروض العين وتشكيلات الكتابة. أصبحت القصيدة الجديدة تدويناً لمخزون بصري ومشاهدات، ثم مجموعة إشارات ومساحة من الاتصال – التواصل البصري، تُدرَك بالعين أولاً، ثم بباقي الحواس.

من هنا، نفترض بدورنا، وعلى غرار ما سبق، بأنّ:

أ – وعيَ الشاعر العربي، ومنذ عقود، بالذات «المتشظية» و«الجسد المشروخ»، حتى وإن كان هذا الوعي في بعض نماذجه

قد قاد جزءاً مهماً من التجارب الشعرية العربية الجديدة إلى بعض «إبدالاتها» الأساسية مع منتصف السبعينيات (كاستبدال الوعي الإيديولوجي في القصيدة بالوعي الجمالي، والعبور من صيغة أو مبدأ «الالتزام» إلى مبدأ «الحرية»، وجعل هذه القصيدة تكتسب، بالتالي، شعرية جديدة تجعلها تنتقل من «اللفظ» و«المعنى» إلى «الشكل» و«الدلالة»)، قد حقق مع ذلك قفزة نوعية في إجرائه الجمالي داخل القصيدة، بالرغم من تواجد العديد من الإكراهات الذاتية والموضوعية التي أصبحتْ تواجه هذا الوعي نفسه: مثل بعض أشكال «القصور» الحاصلة في القراءة والتلقي لما هو بصري في القصيدة، ثم العديد من إكراهات النشر وتقاليد الطباعة، غير المستجيبة في أغلبها لضرورات ومقترحات التشكيل البصري والجمالي في القصيدة العربية على سبيل المثال لا الحصر.

ب – أن الإنجازات البصرية الأساسية والجديدة في القصيدة العربية لم تعرف بعض تحققاتها التشكيلية الحقيقية (مثلما عرفته تجربة القصيدة البصرية الغربية) ضمن ما كانت تنتظره التوقعات وآفاقها، سوى ما حصل على مستوى تكثيف مَشهدية اللغة الشعرية و«تفْضِيَتها» في بعض القصائد «الثمانينية» والقصيدة «التسعينية» على وجه الخصوص. بدليل أن واحداً من أهم أشكال أو مقترحات «خروج» خَطّي ومكاني، وفضائي، على مستوى مساحة القصيدة المطبوعة أو المنسوخة باليد، كان قد تم في المغرب مع بداية الثمانينيات على يد شعراء «سبعينيين» مثل: محمد بنيس وعبد الله راجع وأحمد بلبداوي وبنسالم حميش، هي التجارب الشعرية الخَطّية

التي تم وصفُها أو نعتُها في البحوث والدراسات النقدية والأكاديمية المغربية وغيرها بـ«التجربة الشعرية الكاليغرافية»، وتبنتها، في النصف الثاني من سبعينيات القرن العشرين، جماعة أو مجموعة من الأصوات الشعرية في المغرب راهنتْ، بل انخرطت بشكل واضح، وعلَني، وجَسُور، في العديد من «الإبدالات» البصرية، والتحولات الجمالية والتعبيرية الجديدة للنص الشعري العربي.

إلا أن بعض هذه المحاولات الخطية – البصرية في القصيدة المغربية المعاصرة (وخصوصاً تجربة محمد بنيس) كانت قد تعرضتْ إلى العديد من الانتقادات القاسية وغير «الجمالية» أحياناً، إن صح التعبير، داخل المغرب وخارجه، وتم نعتُها في بعض الكتابات النقدية الملتصقة أساساً بالمنطلق الإيديولوجي وبخلفيات وتوجهات المنهج «التاريخي – الاجتماعي» تحديداً، بصفات أو توصيفات من قبيل: «لُزومُ ما لا يَلزم» (نجيب العوفي)، أو «الحداثة التراجعية» (حاتم الصكر). مما سيجعل مشروع وصوتَ هذه المحاولات «الكاليغرافية – البصرية» في التجارب اللاحقة لأجيال الشعر العربي والمغربي تخف وتتضاءل أو حتى تختفي بالمَرّة، لتَتّجِهَ صَوْبَ محاولات بصرية بديلة (تجمع بين الشعر والتشكيل)، هي المحاولات التي ظلت بدورها قليلة أيضاً من حيث التراكم والنوعية وصِيَغ التجسيد.

مع ضرورة التنصيص، كذلك، على أن هذا «الإبدال» الجمالي – البصري في الشعر المغربي المعاصر هو مجهود فردي، ولا يُدين بشيء لتيار، أو لحركة، أو لمجموعة، أو لجماعة من الشعراء، أو النقاد، أو دارسي الشعر في الجامعة المغربية وخارجها. إذ يكون

الفرد هنا هو الذي يؤثر في الجماعة وليس العكس. بدليل أن صدور «بيان الكتابة» لمحمد بنيس ضمن العدد التاسع عشر من مجلة «الثقافة الجديدة» سنة 1981، قد يكون الدعوة أو الخطوة الأساسية التي أطلقت شرارة القصيدة البصرية «الكاليغرافية» على مستوى المغرب العربي (المغرب وتونس على سبيل المثال).

وهنا، لا بدّ من الإشارة كذلك إلى أن هذا الكتاب يأتي ضمن مشروع موسَع، سبقتْ لنا فيه اشتغالات عِدّة، وضمن سياقات أخرى منذ سنوات، إذ يرنو المشروع في كُلّيته وغاياته إلى فحص ومساءلة ملامح وتجليات «الخطاب أو التشكيل البصري في الشعر العربي الجديد»، انطلاقاً من «تعبيره الخطي» إلى «قيمته التشكيلية»، وصولاً إلى «تجلياته الرقمية». حيث سنركز في هذا الكتاب بشكل أساس، على نماذج أو تجارب شعرية بصرية من الشعر العربي (التجربة المغربية، باعتبارها جزءاً لا يتجزأ من تجربة الشعر العربي)، وعلى التشكيلات البصرية وتجليات الفضاء في بعض هذه التجارب والنماذج، من خلال أبعادها وتمظهراتها البصرية والتشكيلية (الخطية أو الكاليغرافية على وجه الخصوص)، وذاك ضمن مَحاور وإشكالات عِدّة لهذه التجليات، منها: مساءلة «المقروء» و«المرئي» في الكتابة عموماً، وفي الشعر على وجه التحديد، أي الحديث عن «اللساني» و«البصري» في القصيدة، وعن تلك العلاقة التطورية والإشكالية التي نقلتْ الفكرة والملفوظ (الكلمة المنطوقة) من إطارهما واستعمالهما الشفوي إلى الكتابة والتجسيد على الصفحة أو على الحامل الورقي.

إن المسألة تتعلق، هنا، بنوع من نقل مفاهيم تخصص معين إلى

تخصص آخر إن صح القول؟، أي نقل القراءة من النقد الأدبي إلى النقد الجمالي، باعتبار مشكلة العلاقة بين اللساني والبصري في القصيدة هي علاقة جمالية ومشكلة تَراكُب وتداخل بين مواضيعهما وصيغهما التدوينية، مما يستوجب مقاربة ومساءلة هذه العلاقة بفروض العين أساساً وبآليات وعُدة المقاربة البصرية والجمالية بشكل أساس. إذ يكون بوسعنا فعلاً أن نعتبر المعلومات التي تصل إلى المتلقي عبر القناة البصرية هي، في بعض الأحيان، منسوخة في قن اللغة. حيث كان الإصرار دائماً، وخصوصاً عند «رولان بارط»، على أسبقية أو تفوق اللساني، حيث يريد أحد الاتجاهات الإسمانية[2] الساذجة أن ندرك بعض الأشياء، فقط لأن الكلمة التي تقوم بتعيين هذه الأشياء موجودة[3].

ثم إن مسألة المقروء والمرئي، سواء في الثقافات أو الممارسات الشفاهية أو الكتابية، هو ما يطرحه أيضاً هذا التمايز الملحوظ للصيغ والحدود التدوينية والتوصيلية، المميزة لكل من المقروء (كلغة مكتوبة)، والمرئي (كأشكال وعلامات ورموز غير لسانية): ولو أن كل مقروء هو بالضرورة مرئي، ويمكن إبصاره كعلامات، أو كأشكال وكتل خطية، قد تتخذ لها، في التمظهر، شكلاً بصرياً «أيقونياً» «iconique» أو «أيقونوغرافياً» «iconographique»[4] في آخر المطاف، بما في ذلك القصيدة نفسها، والكتابة اللغوية أو اللسانية، بخصائصها الخطية والتركيبية والدلالية بشكل عام. ثم «إن الخاصية الخطية، هي التي تميز اللغة الطبيعية عن مجموعة من الأنظمة التواصلية وفي مقدمتها الصورة، فوحدات الرسالة في الصورة تبرز كلها ملتحمة في المكان وفي اللحظة ذاتها»[5].

ولإضاءة الخصائص المميزة لمسائل اللساني كمنطوق، واللساني كمكتوب، فقد «قاوم اللغويون المبكرون فكرة تمايز اللغات المنطوقة والمكتوبة، إذ نجد «دو سوسير»، برغم نظراته النافذة الجديدة في مسألة الشفاهية، أو لعله بسبب هذه النظرات، يتبنى وجهة النظر التي تذهب إلى أن «الكتابة تعيد ببساطة تقديم اللغة المنطوقة في شكل بصري». وهذا ما ذهب إليه كذلك: «إدوارد سابير»، و«مي. هوكت»، و«ليونارد بلومفيلد»» ⁽⁶⁾.

ذلك ما حاول أيضاً باحثون آخرون، من قبيل «جين كلوتيي Jean Cloutier» توضيحه ومقاربته، ضمن جوانب أخرى تتعلق بالخاصية التركيبية للغة الكتابية كمعطى سمعي – بصري. لها أيضاً، وفي نفس الوقت، إمكانات التواصل والتوصيل المُسندة للغات وخطابات العنصر البصري. إذ اعتبرَ هذا الباحث «اللغة الكتابية – البصرية: لغة تركيبية، تماماً مثل السمعي – بصري. وبالفعل، فإن هذه اللغة تستعمل كل عناصر التواصل البصري من خلال التلاعب بمتغيرات هذا الإدراك داخل مكان أو فضاء معطى. إذ تقوم بتجميع الحجم والشكل والقيمة واللون والاتجاه في المعلومة اللسانية المتضمنة في الكلمات. ثم إن الكتابي – بصري ليس لغة خطية، بل يتلاعب بالعلاقات البنيوية أو التركيبية للمعلومات المختلفة، والجريدة أو الصحيفة هي المثال الأكثر وضوحاً وتمثيلاً لذلك، بحيث غالباً ما تقوم المساحة الخاصة للمقالات المنشورة، وحجم العناوين، بتحديد الأهمية الخاصة كذلك للمعلومات، أكثر مما يقوم بذلك محتوى ومضمون هذه المقالات» ⁽⁷⁾.

المسألة إذاً، تتعلق بالنّظَر، حتى في الحالات التي يكون فيها

الحرف، والكلمة المكتوبة، بعد عبورهما من المستوى الصوتي إلى التشخيص الهندسي، عنصرين أو معطيين خطيين، يسمحان بتحولهما إلى معطى بصري، بكل الخاصيات التصويرية والتعبيرية والدلالية التي تحملها الصورة المجسدة والمرئية. فنحن نرى عن بُعد لكننا نسمع عن قُرب. والفضاء الصوتي يمتص ويبتلع ويخترق الإنسان. ونحن نغدو مملوكيه حين نستطيع امتلاك الكائنات والأشياء برؤى «واضحة ومائزة» كفكرة. البصر حُر فيما يظل السمع مستبعداً[8]. هنا أيضاً نقف على تصور مماثل في الكتابات الصوفية الإسلامية، حيث «يقدَّم مجال الحروف على أنه أمّة من الأمم، مخاطبون ومكلفون، وفيهم رُسُل من جنسهم، ولهم أسماء من حيث هُم، ولا يَعرف هذا إلا أهل الكشف من طريقتنا، وعالم الحرف أفصح العلم لساناً، وأوضحه بياناً، وهُم على أقسام كأقسام العلم المعروف في العرف»[9].

ذلك ما كان قد حصل أيضاً في رحم القصيدة الغربية منذ خطوة «مالارميه» و«أبولينير» وغيرهما من الشعراء الغربيين بخصوص «القصيدة الفضائية» و«القصيدة المشهدية» و«القصيدة المُجسَّمة» وغيرها، إذ أصبحنا ندرك بعد ذلك، ومن خلال قولة «مالارميه» نفسه، بأن «الشعر لا يُصنع بالأفكار، بل أيضاً بالكلمات». هذه القولة أو المقترح التجسيدي والجمالي الجديد الذي استوعبَته الحركة «الدادائية Dadaïsme»، على سبيل المثال، بشكل جيد. ومن ثَمّ، ستعمل هذه الحركة من خلال بعض روادها، وخصوصاً «تريستان تزارا Tristan Tzara» على تحويل القصيدة إلى إنجاز أو صناعة بصرية بامتياز، يتجاور فيها الشعري والتشكيلي، اللساني والأيقوني.

والجدير بالذكر أيضاً، بأن الحضارة العربية والإسلامية قد عرفتْ بدورها وفي مجملها (بما فيها القديمة) العديد من أشكال التدوين البصري في منجزاتها العمرانية، والفنية، والنصية على حد سواء. ولو بأشكالها الأكثر تجريدية وروحانية، باعتبار الثقافة الإسلامية تجنبتْ في منجزها الفني الصِيَغ التجسيدية للفن عموماً، لارتباط التصوير في التصور الإسلامي بمسألة التحريم، واعتبار التصوير والتجسيد فعلين مرتبطين أساساً بعملية الخلق التي تظل من اختصاص الخالق وحده.

هكذا تحفل الثقافة العربية والإسلامية القديمة (إبداعاً ونقداً) كذلك بالعديد من الشواهد التي لا تترك مجالاً للشك في أن هذه الثقافة قد عرفت بدورها، ولو بنسبة أقل مما عرفته باقي الثقافات الأخرى (الشرقية والغربية على الخصوص) من نصوص ومتون تحيل بشكل لافت ومكثف إلى ثقافة العين والنصوص المرتبطة بالنظر، وتوظف في سياقاتها المختلفة (سواء على مستوى اللغة الوصفية أو على مستوى اللغة التأملية أو النقدية) تعبيرات النظر ولغة البصر. وليس هناك من دليل، ربما، أقوى حُجة على ذلك مما كتبه ابن حزم الأندلسي في «طوق الحمامة» وغيره من النصوص التي تشي بولع هذا الرجل وشغفه بمكامن الحُسن والجمال في كل ما هو ظاهر ومرئي.

إذ يكتب «إبراهيم الأبياري» في تقديمه لكتاب «طوق الحمامة» لابن حزم الأندلسي: «ولا أحيلك على غير موجود لتفيد شيئاً عن ابن حزم وتعرف من رأيه، فبين يديك كتابه «طوق الحمامة»، لم يسكت فيه الرجل عن شيء رآه يقوم دليلاً على ما يرى إلا ذكره، ولا يطوي

فيه ما دَرج الناس على أن يطووا مثله، فهو يرى أنه بسبيل التدليل على فكرة، وما أحوج الفكرة إلى أن تبسط معها أدلتها وشواهدها لتثبت وتصح»[10].

مِنْ هنا، كان بعض شعراء ونقاد المجتمع العربي، قد حصل لديهم هذا الوعي المبكر بالقيمة أو، بالأحرى، بالطاقة التعبيرية والجمالية والبصرية للرسالة الشعرية وللشعر، كجمالية خطية لها من الخصوصيات البصرية، ما يجعلها عنصراً جمالياً يقوم بوظيفة التزيين خارج المخطوطات ودفّات الكتب، من جهة. ثم ليكون في حد ذاته أداة أو حاملاً لخطاب، ولمضامين ودلالات تتعمق أكثر بفض أشكال وصيغ تدوينها على الحامل نفسه من جهة ثانية.

هكذا يمكن الجزم بأن القصيدة العربية الجديدة قد عرفت نوعين أو ضربين من التشكيل البصري:

أ – الضرب الأول: لغوي – خطي، تَجسّدَ أساساً على مستوى تشكيل القصيدة هندسياً على الحامل أو الصفحة، بواسطة الحروف والعلامات (سواء كانت هذه القصيدة ذات خاصية طباعية محضة، أو ذات خاصية خطية أو كاليغرافية، منسوخة ومُشَكّلة باليد).

ب – أما الضرب الثاني لتشكيل القصيدة العربية الجديدة بصرياً، فتجلى في لجوء الشعر إلى التشكيل كأداة للدلالة والتعبير، أي: حين أدرَجت هذه القصيدة في صُلبها عناصر أخرى غير لسانية، وذات قيمة تشكيلية وتصويرية بالأساس: من رسوم وعلامات وصور فوتوغرافية وألوان، وغيرها من العناصر الأيقونية والإشارات.

هوامش المقدمة:

1 – محمد الماكري، الشكل والخطاب: مدخل لتحليل ظاهراتي. المركز الثقافي العربي – كانون الثاني. الطبعة الأولى. ص 152. 153.

2 – «الإسمانية Nominalisme» اتجاه فلسفي يقول بأن «المفاهيم المجردة، أو الكليّات، ليس لها وجود حقيقي أو أنها مجرد أسماء لا غير». وبأن «الأسباب الخارجة عن إدراكنا الحسي، هي الحقائق الوحيدة» حسب «شارل س. بيرس». للمزيد من التفاصيل، انظر: «جيرار دولودال» في كتابه: «السيميائيات أو نظرية العلامات»، ترجمة عبد الرحمان بوعلي – مطبعة النجاح الجديدة. الدار البيضاء، ط 1، 2000، ص 21.

3 – Groupe U: traité du signe visuel: Pour une rhétorique de l'image. Editions du Seuil. Janvier 1992 – P 52.

4 – يمكن التمييز – هنا – بين «الأيقوني iconique» و«الأيقونوغرافي iconographique» من خلال الخصائص التالية: يشير «الأيقوني» إلى «التصور الذهني للأيقونة باعتبارها دالاً». بينما يشير «الأيقونوغرافي» إلى «عملية تشخيص هذه الأيقونة بصرياً».

5 – محمد غرافي، قراءة في السيميولوجيا البصرية، عالم الفكر، العدد 1، المجلد 31، سبتمبر 2002 – ص 234.

6 – والتر ج أونج، الشفاهية والكتابية، ترجمة د. حسن البنا عز الدين، مراجعة د. محمد عصفور، عالم المعرفة. المجلس الوطني للثقافة والفنون، الكويت، العدد 182، فبراير 1994، ص 56.

7 – Jean Cloutier. «L'ère d'EMEREC ou la communication audio-scriptovisuelle». 2ème édition. Les presses de l'université de Montréal. Canada. 1975. P 29.

8 – ريجيس دوبري، حياة الصورة وموتها، ترجمة فريد الزاهي، أفريقيا الشرق 2002، ص 225.

9 – محي الدين ابن عربي، الفتوحات المكية، تحقيق د. عثمان يحيى، مراجعة إبراهيم مدكور، الهيئة المصرية العامة للكتاب. س 1 – ص 260.

10 – إبراهيم الأبياري، من تقديمه لكتاب «طوق الحمامة» لابن حزم الأندلسي، دار الجبل بيروت، 2004، ص 5.

الفصل الأول:

المقروء والمرئي، الفضاء النصي، الفضاء التصويري، الفضاء الأيقوني والفضاء الشعري

1 – المقروء والمرئي:

كثيراً ما طُرِحتْ خصوصيات المقروء والمرئي وتشكيل الفضاء أو المكان في القصيدة العديد من الإشكالات النظرية والدلالية، ضمن مستوياتها وإمكاناتها التعبيرية والجمالية على وجه التحديد، حيث يمكن الحديث هنا، ضمن أشكال تمظهر الكلمة (كعلامة مكتوبة أو مرسومة) على حامل ما، وانتقال طبيعة هذه الكلمة ودلالتها، من المقروء إلى المرئي، ومن اللساني إلى البصري، أو حتى إقامتها في المنطقتين معاً، عن العديد من أوجه هذا التمظهر أو هذا الانتقال، ثم عن هذا النوع من التبادل الدلالي والوظيفي للخَطّي والتصويري معاً. إذ يكون بوسع الكلمات المكتوبة أن تصبح صورة أو أيقونة، ويكون بمقدور الصورة أن تتشكل أيقونياً أيضاً من الكلمات، وذلك من خلال الخُطَاطتين التاليتين وصِيَغِهما المختلفة:

أ – الخُطاطة الأولى:

حيث يمكن للكلمة، في تمظهرها وتكوينها، أن تصبح لغة ذات تعبير بصري، من خلال الصيغ التالية:

الكلمة المكتوبة: Le mot écrit

الكلمة المرسومة: Le mot peint

الكلمة المحفورة: Le mot gravé

الكلمة المنحوتة: Le mot sculpté

الكلمة المصوَّرة: Le mot imagé

ب ـ الخُطاطة الثانية:

حيث يمكن للصورة أن تأخذ في، تمظهرها وتكوينها، الصيغ
التالية:

الصورة المكتوبة: L'image écrite

الصورة المرسومة: L'image peinte

الصورة المحفورة: L'image gravée

الصورة المنحوتة: L'image sculptée

الصورة المصوَّرة: L'image imagée

ثمة أيضاً، ضمن هذا الاستعمال المتحول والمتكيف للمكتوب مع
المجال البصري والدلالي الذي توضع فيه الكلمات، أسلوب آخر،
أو طريقة أخرى للّعب بالكلمات، ضمن نوع من التورية المعتمدة
في بنائها وخطابها على نوع من المزج ما بين اللساني والبصري

في القصيدة، هي الطريقة التي كثيراً ما استعملها العديد من شعراء الحداثة الشعرية الغربية والعربية، حيث يصبح هذا الاستعمال بمثابة مُكوِّن بصري وتصويري آخر للكتابة المعتمدة على اللعب البصري بالكلمات أو بالحروف، وتكرارها مثلاً في الأسطر الشعرية لتشير إلى أرقام أو إلى أشياء أخرى، تشكل بدورها إيقاعاً بصرياً وصوتياً للكلمات وعناصرها الخطية في نفس الوقت.

نَسُوق هنا، كمثال لذلك، قصيدة «الحلوى المُلبَّسة Le bonbon» لروبير ديسنوس RobertDesnos حيث، عمَد الشاعر إلى كتابة كلمة «dent» (سَن) اثنان وثلاثون مرة، عوض أن يكتب في قصيدته هاته: «لي من الأسنان اثنان وثلاثون J’ai trente-deux dents». وجاءت القصيدة باللغة الفرنسية على الشكل التالي:

J’ai dent dent dent dent dent dent dent

dent dent dent dent dent dent dent

dent dent dent dent dent dent dent

dent dent dent dent dent dent dent

dent dent dent dent [1].

وإذا كانت «الصورة تمتح معناها من النظرة، كما يمتح المكتوب معناه من القراءة»[2]، على حد تعبير «ريجيس دوبري»، فإن العين «تتربى بالكلمات، ذلك أن أسماء الألوان، وملوَّنة palette كاملة من الكلمات والأوصاف تقودنا إلى تمييز أفضل بين النبرات. إن الشعراء

الجيدين يدربوننا على النظر أفضل بالرغم من أن كلماتهم عمياء (...) وكما أن الذكاء «يطور» الأحاسيس، كذلك تسعى اللغة إلى إظهار الصورة بالرغم من أنها لا تملك قدراتها التأثيرية. هكذا يتحقق المرئي إذاً في المقروء، وذلك هو ما يُسمى أدباً»[3].

ثم، لطالما «أثار البصري انتباه نخب الكتابة التي عُرِفَتْ تقليدياً بإعراضها عن الصورة، هذا التحول تجلى واضحاً وبشكل أفضل لدى محترفي الكلمات، الأبعد بمهنتهم وتقاليدهم عن قيم العرض الصوري، ففي سنة 1960 التقى شخصان مثقفان للعشاء، وتجاذبا أطراف الحديث عما قرآه، وفي سنة 1990 تحدث الشخصان نفسهما عما شاهداه»[4].

«C'est écrit noir sur blanc ذلك مكتوبٌ أسْود على أبيض»: تتضمن هذه العبارة الشهيرة والمسكوكة، والتي تستعملها أو تلجأ إليها كل المجتمعات الكتابية، وجل الثقافات الإنسانية (العالِمة منها وغير العالِمة)، من أجل تثبيت شرعية الأشياء ومنحها صفتها القانونية والرسمية[5]، تأكيداً قاطعاً لقانونية الكتابة وشرعيتها. إذ «يقوم المرئي، هنا، بتأكيد وضمان وجود المقروء. ثم إن الأسود والأبيض ينتميان إلى المجال الرمزي، حتى لو كان هذا الأسود أزرق، أو كان الأبيض وردياً، ومصحوباً برسومات لأزهار صغيرة: مثلما هو الحال في البطاقات الخاصة بمراسلات المراهقين أو اليافعين. إن الأسود والأبيض هما العلامة البصرية للحقيقة الإبلاغية أو الإخبارية.

مِنْ ثَمَّ، تكون العلاقة بين المرئي والمقروء، في أصلها ذات طبيعة متناقضة: بما يعني أن هذه العلاقة هي ــ في نفس الوقت ــ اتفاقية

وتاريخية. ولا يتواجد المرئي – بهذا الشكل – داخل الكتابة، إلا لينصهر داخل الدلالة. وفي اللغة يعمل المقروء على أن يصبح المرئي – كما هو في طبيعته الخاصة – لا مرئياً. وللتعبير عن ذلك بطريقة أخرى، فإن مرئي الكتابة باعتباره لغة، هو مرئي خاضع للتوجيه ولنوع من الشرطية كذلك. إنه مرئي بصيغة المقروء، وبشكل غير منفصل بتاتاً. إذ لا تكف اللغة أبداً عن أن تظل مرئية ومنظورة، لكن كلغة مقروءة على وجه التحديد»[6].

مع ذلك، وبالرغم مما عرضنا له من أمثلة وآراء، حاولتْ جُلّها، أو بعضها إضاءة بعض جوانب العلاقة الممكنة بين المقروء والمرئي، سواء في مناحي إدراكها، أو في جوانب تقاطعها واختلافها التعبيري والجمالي كذلك، فالأسئلة الكثيرة والمتناسلة حول مسائل «الملاءمة» و«التطابق» التامين بين المقروء والمرئي، تظل كذلك قائمة ومتعددة. وسؤال الملاءمة والتطابق – هذا – «كان واحداً من الأسئلة الرئيسة بالنسبة للإستطيقا والدين والسياسة للقرنين السادس عشر والسابع عشر: بأية تقنيات يتلاءم أو يتطابق المقروء والمرئي؟ ضمن أية نظريات؟ من أجل أية وظائف؟ كل واحد يجيب حسب هواه، وحسب وضعه: سواء كان رساماً أو شاعراً أو فناناً»[7].

إن الحديث عن الفضاء – هنا – في علاقته بالنص الشعري البصري، هو حديث، بالدرجة الأولى، عن تجسيد مادي ومرئي لهذا النص داخل الفضاء، سواء كان هذا الفضاء في ملمحه النصي (حين يشكل النص المكتوب تمظهره البصري الأساسي على الصفحة، حيث يكون بإمكاننا قراءته قراءة خطية وِفق تركيب لفظي ودلالي

معين)، أو في ملمحه الصوري – التصويري (حين تُشكل هيئة النص المكتوب أو صورته على الصفحة كذلك تمظهره البصري، لكن من دون ضرورة توفر شرط القراءة الخطية للنص وفك دلالته)، أو حتى في ملمحه الأيقوني كذلك (حين تأخذ هيئة النص على الصفحة شكل أيقونة، من خلال عمليات المماثلة أو المشابهة، التي تحيل بالضرورة على صورة أو هيئة أو شكل شيء ما موجود في الواقع. كأن يأخذ النص في ترسيمه الخطي – على سبيل المثال – شكل شجرة أو مزهرية أو كرسي أو ما شابه ذلك).

وبالرغم من أن جميع الخصائص البصرية لأشكال الفضاء التي أتينا على ذكرها هنا، هي خصائص مشتركة ومفارقة لهذه الفضاءات في نفس الوقت، إذ تكون خصائصها البصرية جميعها مشتركة، من حيث إنها تخضع كلها لعملية الرؤية والإبصار، ومعالجتها كمعطيات أو كمعلومات – ضمن عملية الإدراك والإبصار – من قِبَل المخ والجهاز البصري. ثم مفارقة، من حيث إن بعضها يكون قابلاً للقراءة كدال خطي، فيما البعض الآخر لا يخضع لهذه العملية بتاتاً، وتكون دلالته غير لفظية، بل خاضعة لقراءة بصرية بالأساس، ثم لتأويل تنتسب أدواتـه إلى القراءة «السيميولوجية» أو «السيميوطيقية» المرتبطة بتفكيك خطاب الصورة وعلامتها أو عناصرها غير اللسانية، أكثر من ارتباطها بالقراءة «السيميائية» الموكول لها – أساساً – تأويل النص الأدبي كدليل أو كعلامة لسانية.

بهذا المعنى أيضاً، يمكن القول بأن «الفضاء النصي» هو الفضاء «الممنوح للقراءة». فيما يكون «الفضاء الصوري أو التصويري»

و«الفضاء الأيقوني» بمثابة فضاءين «ممنوحين للمشاهدة» وللنظر، وهكذا يكون للفضاء في النص الشعري الحديث والمعاصر، وخصوصاً في نماذجه التجسيمية، دور أساسي في استخلاص العديد من الدلالات والنتائج، و«هذا أمر ليس بدعاً، إذ أصبح من المألوف الحديث عنه واستكناه دلالاته وأبعاده من قِبَل الشعراء المحدثين والمعاصرين، وبعض الدراسات التي حاولت أن تجعله من المكونات الشعرية الأساسية، بعدما أغفلته الدراسات البنيوية المعتمدة على النماذج أو المتبنية للمعجمية، لاعتمادها على المكتوب وإغفال البياض»[8].

لنعرض الآن بعض التعريفات المركزة للفضاءات السابق ذكرها، من خلال ما جاء في بعض البحوث والدراسات التي اهتمت بالخصوصيات الشكلية، والبصرية، والوظيفية، والدلالية لهته الفضاءات. محاولين بذلك – ضمن نوع من التمهيد لعرض وتحليل تجليات وتوظيفات الخصوصيات البصرية والتعبيرية والجمالية لهذه الفضاءات في التجربة الشعرية البصرية المعاصرة في المغرب كنموذج رئيس من التجربة الشعرية العربية المعاصرة، ونقصد هنا التجارب الشعرية الخطية لكل من: «محمد بنيس» و«بنسالم حميش» و«عبد الله راجع» و«أحمد بلبداوي»، كتجارب شعرية خطية – بصرية مغربية رائدة بشكل أساس.

2 – الفضاء النصي:

يقدم «محمد الماكري» تعريفاً للفضاء النصي بكونه «الفضاء

الذي يحتوي الدال الخطي، وبذلك يبقى المُعطى المقدم في إطاره مجرد نص مقدم للقراءة. إنه، حسب تعريف آخر، هو ذلك الفضاء الخطي الذي يُعتبر مساحة محدودة، وفضاء مختاراً ودالاً بمجرد أن تترك حرية الاختيار للشخص الذي يكتب، والمعروف أن الكاتب لا يتوفر على حرية كبيرة في الاستعمال الذي ينجزه في فضائه الخطي، فأبعاد الحروف، وتنضيد الكلمات على الصفحات والهوامش والفراغات، تخضع في الغالب لقواعد تواضعية، والحرية التي يملكها الكاتب للتحرك في الفضاء الذي اختاره تتم في حيز ضيق جداً[9]، الأمر الذي يصير معه اختياره اختياراً دالاً»[10].

ثم يستطرد الباحث في تعريفه للفضاء النصي، معتمداً في ذلك وجهة نظر «فرانسوا ليوطار» الأساسية في هذا السياق، من خلال مدخل كتابه «التحيزُ المَجازي Le parti Pris du figural»، ثم في كتابه: «الخطاب والصورة»[11] قائلاً: «ينطلق ليوطار من مقولة أن «المعطى ليس نصاً، وأن بداخله يوجد سُمْك، أو بالتالي اختلاف تكويني، ليس معطى للقراءة ولكن للرؤية». وبناء على هذه المُسَلّمة، يميز بين فضاءين هما: الفضاء النصي، والفضاء التصويري، وعن الفرق بين هذين الفضاءين ينتُج فرق أنطولوجي، لأن الفضاءين المذكورين يمثلان مرتبتين متميزتين من المعاني، فهما يشتركان في التبليغ ولكنهما مع ذلك منفصلان.

إن الفضاء النصي حسب ليوطار – يضيف محمد الماكري – هو الفضاء الذي يتم فيه تسجيل الدال الخطي، في حين أن الفضاء الصوري الذي تُعَرّفه كلمة «تصويري» في مقابل «غير تصويري»

أو المجرد كما هو الأمر في قاموس النقد المعاصر والتشكيل، والخاصية المناسبة لهذه المقابلة هي مماثل الممثل (بكسر الثاء) للمثل (بفتح الثاء) في الإمكانية الممنوحة للمشاهد كي يتعرف الثاني من خلال الأول. وهذه الخاصية لا يراها حاسمة بالنسبة للشكل الذي يطرحه. فالتصويرية خاصية تهم العلاقة بين الموضوع التشكيلي وما يمثله، وهي تنمحي إذا لم تكن للوحة وظيفة تمثيل، أي إذا كانت

(أعلاه: قصيدة خطية لمحمد بنيس، يستجيب توزيعها لمقتضيات الفضاء النصي)[13]

هي نفسها موضوعاً. لذلك يقترح الانصراف بالاهتمام إلى التنظيم الدال فقط، والتنظيم الدال يتمحور حول قطبين في نظره هما: الحرف والسطر»[12].

3 – الفضاء الصوري – التصويري:

هذا الفضاء هو مخالف للفضاء الأول (النصي)، ولكنه «يُعتَبر مكملاً له من منظور أن ما نتلقاه لنقرأه بصرياً ليس نصاً، فبداخله يوجد سُمْك، وبالتالي اختلاف تكويني، ليس معطى للقراءة، ولكن معطى للرؤية... وهذا الممنوح للرؤية داخل النص هو فضاؤه

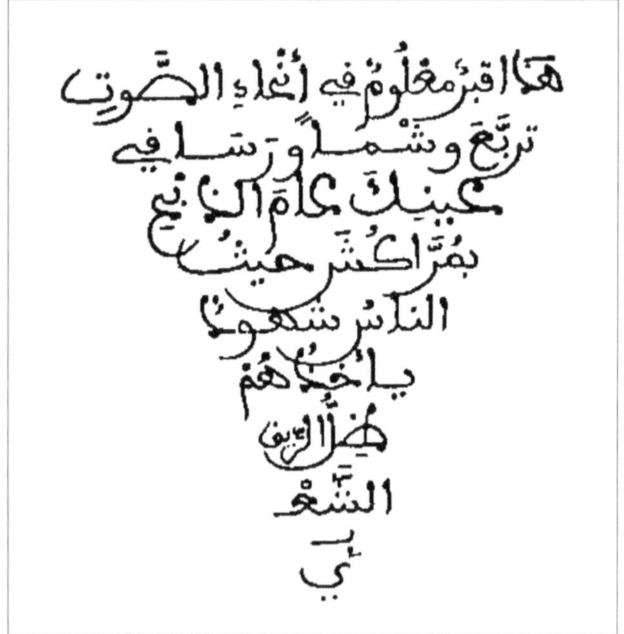

(أعلاه: قصيدة خَطّية لمحمد بنيس. يستجيب توزيعها لمقتضيات الفضاء الصوري)[15]

الصوري، في حين أن الفضاء النصي هو الممنوح للقراءة (...) هذا يعني أن الفضاء النصي يمنح أدلته للعين المسترسلة في القراءة ومسح المكتوب، في حين أن مكونات الفضاء الصوري تستدعي توقف هذا الاسترسال، وتستلزم فترة زمنية أطول للإدراك، والسطر الذي يُعتبر مكوناً أساسياً في الفضاء النصي الخطي، يتحول إلى عنصر في الفضاء الصوري بمجرد ما يصير غير قابل للتعرف، أي للقراءة، وبالمقابل يمكن أن يتحول السطر الذي يُعتبر مكوناً أساسياً في الفضاء الصوري بمجرد ما يتلبس دلالة لسانية ممنوحة للقراءة. فهو في حالة الفضاء النصي عنصر كتابة، وفي حالة الفضاء الصوري عنصر تشكيل»[14].

4 – الفضاء الأيقوني:

أما فيما يتعلق بتعريف خصائص «الفضاء الأيقوني»، كثالث نوع من الفضاءات التي تحدثنا عنها سابقاً، والتي شكلت أيضاً ملمحاً بصرياً أساسياً، على المستوى التعبيري والجمالي، للعديد من التدوينات النصية في الكثير من التجارب الشعرية البصرية العربية وغير العربية، فيمكن الاستئناس – في هذا الإطار – بما قدّمَتْه «جماعة مو Groupe μ»[16] من اشتغالات أساسية وعميقة على العلامة الدالة، وبلاغة الصورة في الخطاب البصري. وخصوصاً من خلال كتابها «بحثٌ في العلامة المرئية: من أجل بلاغة الصورة – Traité du signe visuel: Pour une rhétorique de l'image». هو الكتاب الذي اعتمدنا كذلك – بشكل أساس – على ترجمة وتركيب العديد

(أعلاه: (وشْم على الجسد) – نموذج من فن «البودي آرت»)[19]

من أفكاره وتحليلاته النظرية للاقتراب من بعض الخصوصيات التعبيرية والجمالية للخطاب البصري في القصيدة ضمن هذه الدراسة أو هذا البحث.

نبدأ مقاربة مسألة الأيقونية في النص الأدبي أو في غيره من الخطابات والفضاءات الدالة بصرياً، بهذه الأسئلة التي طرحتها «جماعة مو» نفسها:

ـ «متى تكون واقعة أو عملاً بصرياً ما أيقونة؟ وهل لكون هذه

الواقعة هي بمثابة سلسلة من المنبهات البصرية؟ وذلك ما يقود أيضاً إلى طرح سؤال آخر أكثر تعقيداً والتباساً في نفس الوقت، أي: ما الذي يثير سيرورة الترابط بهذه المنبهات الخاصة بمرجع ما، وبصنف الشيء الذي يجعل من كل ذلك علامة؟ سؤال مثل هذا ليس ضرورياً وسابقاً للتجربة: بحيث إذا التقيتُ بقِط، لا أقول لنفسي عموماً: «هذه أيقونة لصورة قِط»، مثلما أورَد ذلك «لوسيان غولدمان»، لكن ذلك يُشِيد بما هو أكثر من ذلك، أي واقعة تجربة (...) والجسد بوسعه أن يصير علامة (في البودي آرت Body art [17] على سبيل المثال)» [18].

ذلك يقودنا أيضاً إلى طرح مسألة الأيقونية، أو – بالأحرى – إلى «نقد فكرة أو مفهوم الأيقونية» في النص المشكَّل بصرياً وفي خطاب الصورة وبلاغتها البصرية بشكل أساس. إذ طالما «طرح مفهوم الأيقونية مسائل عدة: بعضها منطقي وإبستيمولوجي، وبعضها الآخر تقني. وكل هذه المسائل مجتمعة ظلت لمدة طويلة تُرسخ هذا الاعتقاد في أن مفهوم «الأيقنة» كان في موضع شك، وأنه نتيجة لذلك كان ينبغي إخلاؤه من التنظير. ومن دون شك، فإن «أمبرتو إيكو» – يضيف تحليل «جماعة مُو» – هو من ذهب بعيداً في نقد هذا المفهوم، وبالطريقة الأكثر والأشد برهنة. إذ يعود أكثر من مرة للنظر في هذا الموضوع. وقد انصب نقده على الأفكار والمفاهيم الساذجة الواردة في كل التعريفات الخاصة بالعلامة الأيقونية من خلال كلمات أو عبارات من قَبيل: تشابه، تَناظُر، بواعث، حين كانت هذه المفاهيم تلح وتشدد على تشابهات الشكل أو المظهر الخارجي للعلامة والشيء الذي تمثله.

هكذا يتحدث «بيرس Peirce» عن «مشابهة طبيعية»، أو أيضاً بقوله بأن العلامة تكون أيقونية عندما «يكون بوسعها تمثيل موضوعها، وذلك عموماً من خلال تماثلها أو تشابهها بهذا الموضوع». أما العلامة الأيقونية – حسب «موريس Morris» – فهي التي تمتلك «حسب بعض وجهات النظر نفس المميزات الخاصة التي يمتلكها الشيء المشار إليه». في حين يرى كل من «Ruesch» و«Kee» في العلامة الأيقونية بأنها: «سلسلة من الرموز التي هي – من خلال تَناسُباتها وأبعادها، ومن خلال علاقاتها – مشابهة للشيء وللفكرة أو للواقعة والحدث الذي تمثله»[20] .

حظك
جبل
حظك هذا
حظك من حرم
شبق يلتذ بقضم
الحلمات ومن حلمات
تلتذ بقضم نبيذ شبق
ونبيذ شبق يلتذ بقضم
الحلمات ويتجمع الـملأ
أمام البوابات يستهدون
الأسئلة وهي تدور
في الأقفال

(أعلاه: قصيدة خطية لأحمد بلبداوي: يستجيب شكلها الذي يشبه «شجرة»، أو «ورقة من غصن شجرة» لمقتضيات الفضاء الأيقوني)[21]

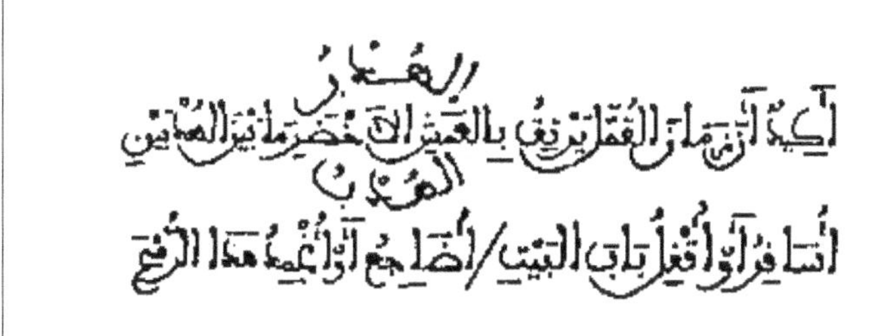

(أعلاه: قصيدة خطية لمحمد بنيس:
يستجيب توزيعها الدائري لمقتضيات الفضاء الأيقوني)[22]

(أعلاه: قصيدة خطية لعبد الله راجع
تتضمن أيقونة «عين»، تستجيب لمقتضيات توزيع الفضاء الأيقوني)[23]

إن ما يهمنا هنا – خارج إشكالات التأويل، وأشكال تدليل العلامة والرمز وعلاقتهما بالمرجع أو بغيره من المتشابهات، وحتى إن لم نستطع تقديم تعريف دقيق للفضاء الأيقوني بسبب الالتباسات النظرية الكثيرة المحيطة أيضاً بهذا المفهوم – هو هذه الخاصية أو هذا البعد التشكيلي للنص الشعري، حين يتحول بدوره، كما الحامل أو السند الذي يأويه إلى خطاب وفضاء أيقوني في نفس الوقت. إذ غالباً ما يكون – وحسب ما أوردناه سابقاً – «بوسع العنصر التشكيلي أن يتعايش مع العلامات الأيقونية، والتي بِصُحبتها يمكن تأويله على الأقل بشكل أفضل: سواء من خلال عملية تزامن أو تقاطع مع هذه العلامات. ثم إن القيم المُحَيَّنة أو غير المترابطة بواسطة قَنّ النسق الأيقوني بوسعها أن ترتبط، حسب نماذج عديدة (محددة بالنمط الخاص للتأويل) بعناصر النسق التشكيلي»⁽²⁴⁾.

انطلاقاً من هذه التعريفات المركزة لبعض مفاهيم وخصائص «الفضاء النصي»، و«الفضاء التصويري»، و«الفضاء الأيقوني»، وعلاقة هذه الفضاءات كلها بمختلف مستويات التدليل الجمالي في النص الأدبي وغيره من بعض أشكال الخطاب البصري، يظل الفضاء – في مجمله، وبالرغم من ذلك – في علاقة وطيدة مع الزمن. وخصوصاً إذا كان الأمر يتعلق بفضاء النص كمعطى أو كواقع مادي مرئي ومحسوس لهذا النص.

إذ يظل هذا الفضاء دائماً «منبعاً للعديد من الالتباسات، خصوصاً حين يكون مفهومه مقروناً بمفهوم النص. وتعبير «فضاء النص» أو «الفضاء النصي» يشير في الواقع إلى شيئين اثنين في نفس الوقت.

إنه يعني – في المقام الأول – المُعطى المادي للنص، ويعني كذلك علاقة الأبيض بالأسود (حطام، فضلات). ثم يشير بعد ذلك – لكن من خلال الصورة حينئذ – إلى النسق اللساني للنص، وإلى البعد الدال لهذا النص (صمت، كلام). والفضاء – في الواقع – هو بمثابة مفهوم موجَّه (بفتح الجيم وتشديده)، ولا تحصل ثمة مزاوجة بين الزمن والفضاء سوى خارج اللغة، وفي المكان النظري للفلسفة والميتافيزيقا كذلك. إذ تتعلق الفضائية – في اللغة – بشكلها أو بهيئتها المكتوبة. والفضاء الذي نتحدث عنه هنا هو – قبل كل شيء – الفضاء الحامل أو السند»[25].

5 – الفضاء الشعري:

أما بالنسبة للفضاء الشعري، فيمكن الحديث عنه – ضمن نفس الخصوصيات الفضائية، والتعبيرية، والجمالية للنص الشعري البصري – حين يصير هذا النص الشعري المكتوب أساساً «تتابعاً لعلامات بصرية على مساحة معينة، وهذه العلامات لا تخرج عن نطاق الأدلة اللغوية. وبمجرد ما يباشر القارئ اتصاله بالنص المكتوب، تحتوي عينه النص في هيئته البصرية تلك، وفي كُلّيته التي يضبطها توزيعه الفضائي. هذه المباشرة الأولى تحدد الرغبة أو العزوف عن تحلي تفاصيل التنظيم المكتوب أو المطبوع، وذلك باعتبار المظاهر التالية: (السعة، التنظيم، التناسق، نسبة السواد والبياض). ثم إن هذه المباشرة لا تحدد فقط الرغبة أو العزوف، بل تقدم للمتلقي مداخل للقراءة على مستويين:

1 – إبراز نغَمية النص البصرية. ومن هنا التمييز بين مختلِف الانطباعات التي تمنحها النصوص: كالرحابة، والتشتت والاختناق.

2 – تحفيز استراتيجية خاصة للقراءة، تستدعيها طبيعة عرض المكتوب. فنحن لا نقرأ بنفس الكيفية صفحة من رواية، وصفحة من جريدة يومية، حيث يبرز تنظيم طباعي في أعمدة إلى جانب صور فوتوغرافية وعناوين بارزة. فالبنسبة لصفحة الرواية يبدو من اللازم تشغيل قراءة خطية منظمة، في حين أن أعمدة الجريدة تضعنا أمام انفجارات وتغييرات إيقاعية متعددة، بعد توالي العناوين الكبيرة، والمتفاوتة الحجم، فالمظهر المادي للنص يلزم القارئ باستراتيجية معينة.

ثم إننا كقراء، نميل دائماً إلى تنظيم الحقول غير المانحة لدلالة مباشرة وفق ما يلائم الثابت لدينا كتجربة سابقة في صورة عنصر شبيه أو مماثل. ومن هنا فكثير من القراء يميلون إلى قراءة الشعر كأي صفحة من كتابة نثرية، إلا أن الجهد الذي يستلزمه التلقي البصري للشعر مرتبط بإمكانيات القراءة الكامنة في انفتاح النص الذي يقود القارئ إلى تبني استراتيجية خاصة به. موجهاً في ذلك بالعلامات النصية، ومقتحماً لفضاء تلك العلامات في غرابتها، وجِدّتها، وطريقة تنظيمها، وحتى يتم ذلك يجب القبول أولاً برؤيتها. نفهم مما تقدم، أن النص الشعري الذي يشتغل فضائياً بطريقة تخالف التعارفات المعتادة، يدعونا إلى «القبول بتعلم القراءة مجدداً وتجاوز أميتنا الأزلية»، حَسب «جون بيير بالب»، وأن النص المقدم من قِبَل منتجه قابل لأن يكون موضوع إعادة إنتاج مع كل قراءة جديدة[26].

هوامش الفصل الأول:

1 – Colette GUED L'effervescence du lisible et du visible dans quelques fragments icône‑textuels de Robert Desnos ‑ Revue La Licorne. Numéro 23 (Lisible / visible : problématiques) Publié en ligne le 28 mars 2006:

http://edel.univ‑poitiers.fr/licorne/document243.php

2 – ريجيس دوبري، حياة الصورة وموتها، مرجع سبق ذكره، ص 33.

3 – المرجع نفسه، ص 40.

4 – ريجيس دوبري، حياة الصورة وموتها، مرجع سبق ذكره، ص 261.

5 – تلجأ جميع المجتمعات الكتابية منذ القديم إلى الآن – في نطاق إضفاء الشرعية على معاملاتها واتفاقياتها: انطلاقاً من المعاملات التجارية والإدارية وغيرها... إلى عقود الزواج – إلى استعمال عقود وصكوك ووثائق مكتوبة، تلزم جميع الأطراف باحترام بنود ومضامين هذه العقود والاتفاقيات المكتوبة. إذ عرفتْ هذه المجتمعات، ولا تزال مثلاً، أنواعاً من الوثائق المكتوبة التي بوسعها أن تنوب عن العملة النقدية المعدنية والمسكوكة (في المجال المالي)، وتُعادل القيمة المالية والمادية لها. وقد عرفت المجتمعات الإنسانية الكتابية في العديد من أشكال معاملاتها المالية، ما يسمى بـ «العُملة الكِتابية Monnaie scripturale» (عملة مصرفية تتيح الدفع بمجرد الكتابة). وما «الشيكات البنكية chèques bancaires»، أو «الحوالات mandats» المصرفية الحالية، سوى تجسيدات أخرى لهذه «العملات الكِتابية». كذلك، لا تكون عمليات القِران أو الزواج الآن شرعية وقانونية (حتى في حالات القِران العرفي) إلا بتحرير عقد أو ورقة زواج أو «نكاح» أو ارتباط مكتوب. ونجد قيمة هذا «المكتوب L'écrit» حاضرة حتى في التداول أو في اللسان الدارج للعديد من الثقافات الشعبية (العربية منها على الخصوص). إذ تشير

عبارة اللسان الدارج المغربي: «لَكَحَل في الأبيض» (أسْوَد على أبيض) Noir sur blanc»» مثلاً ـ في الثقافة الشعبية المغربية ـ إلى عقد القِران المكتوب وشرعية العلاقة الزوجية. وفي ذلك تأكيد على قانونية الكتابة.

6 –DESSONS Gérard (2005). "Noir et blanc : La scène graphique de l'écriture". Revue La Licorne, Numéro 23. Article publié en ligne sur le lien : http://licorne.edel.univ-poitiers.fr/document336.php

7 – BIET Christian (2006). "Rendre le visible lisible pour la plus grande gloire de Dieu". "La pédagogie jésuite face à la peinture et à la poésie: Le Cabinet de peintures (1650 – 1671) du P. Pierre Le Moyne". Revue La Licorne, Numéro 23. Article publié en ligne sur le lien : http://licorne. edel.univ-poitiers.fr/document261.php

8 – د. محمد مفتاح، دينامية النص (تنظير وإنجاز)، المركز الثقافي العربي، بيروت، الطبعة الأولى 1987، ص 73.

9 – للمزيد من التفصيل بخصوص هذه المسألة. يُنظر أيضاً: .A.Tajan et G) (delage. Ecriture et structure. P 124

10 – محمد الماكري. الشكل والخطاب: مدخل لتحليل ظاهراتي، المركز الثقافي العربي، كانون الثاني، الطبعة الأولى، ص 233.

11 – للمزيد من التفصيل بخصوص هذه المسألة، انظر :

(F.Lyotard: discours et figures. Ed. Klinckseik 1978)

12 – محمد الماكري. الشكل والخطاب: مدخل لتحليل ظاهراتي. مرجع سبق ذكره. ص 106.

13 – المصدر: محمد بنيس. في اتجاه صوتك العمودي (شعر)، قصائد كُتبت بين سنوات (1973 و1975)، تخطيط عبد الوهاب البوري، مطبعة الأندلس، الدار البيضاء، (بدون تاريخ) ـ ص 49.

14 – محمد الماكري، الشكل والخطاب: مدخل لتحليل ظاهراتي، مرجع سبق ذكره. ص 242.

15 – المرجع نفسه، ص 243.

16 – «جماعة مو» أو «Groupe μ»: أعضاء «مركز الدراسات الشعرية»،

الموجود مقره بجامعة «لييج Liège» ببلجيكا. إذ تتابع هذه الجماعة من الباحثين في مختلف مجالات البحث العلمي بحوثها ودراساتها في البلاغة، والشعرية، والسيميائيات، وفي نظرية التواصل اللساني والبصري. هي الأبحاث والدراسات التي يوقّعها هؤلاء الباحثون باسم جماعي هو «Groupe μ». ويحيل اسم هذه الجماعة إلى الحرف «μ» (Mu) الذي يُعتبر – في اللغة الإغريقية – من الحروف الأولى المكونة لكلمة metaphorà أي: (الاستعارة في اللغة). للمزيد من التفاصيل، انظر الرابط التالي: http://fr.wikipedia.org/wiki/Groupe_%C2%B5

17 – ينتمي «البودي آرت» أو «فن الرسم على الجسد» عموماً (سواء بالوشم أو بغيره من المواد الصباغية) إلى ممارسات اجتماعية، كان لها في الحضارات والثقافات القديمة طابع سحري وطقوسي. لكن، يمكن القول بأن هذا الفن أخذ اسمه الحالي «البودي آرت» في العصر الحديث، انطلاقاً من محاولات العديد من الفنانين الغربيين، ومن بينهم الفنان التشكيلي والفوتوغرافي والشاعر الفرنسي «Pierre Molinier» (1900 – 1976)، الذي كان إبان خمسينيات القرن العشرين، واحداً من أهم المبشرين بهذا الفن الذي يتخذ الجسد البشري سنداً وحاملاً للعديد من أشكال الزخرفة والتجسيد الفني. وقد ساهمت «موجة التحرر الجنسي» التي شهدتها أوروبا مع ستينيات القرن العشرين كذلك، في جعل الجسد يصبح الموضوع والمادة المركزية للاشتغال الفني من لدن العديد من الفنانين التشكيليين عبر العالَم. للمزيد من التفاصيل. انظر الرابط التالي على الإنترنت: http:// fr.wikipedia.org/wiki/Art_corporel

18 – Groupe U. Traité du signe visuel : Pour une rhétorique de l'image. Op.cit. P 143.

19 – انظر الرابط التالي على الإنترنت: http://image.linkinn.com/userfile/ pictures_0803/Image/50D097_png.jpg

20 – Groupe U. Traité du signe visuel : Pour une rhétorique de l'image. Op.cit. P 124.

21 – المصدر: محمد الماكري، الشكل والخطاب: مدخل لتحليل ظاهراتي، مرجع سبق ذكره، ص 244.

22 – المصدر: محمد الماكري، الشكل والخطاب: مدخل لتحليل ظاهراتي، مرجع سبق ذكره، ص 244.

23 – المرجع نفسه، ص 244.

24 – Groupe U. "traité du signe visuel: Pour une rhétorique de l'image". Op.cit. P 194.

25 – DESSONS Gérard (2005). "Noir et blanc : La scène graphique de l'écriture". Revue La Licorne, Numéro 23. Op.cit : http://licorne.edel. univ-poitiers.fr/document336.php

26 – محمد الماكري، الشكل والخطاب: مدخل لتحليل ظاهراتي، مرجع سبق ذكره، ص 179 – 180.

الفصل الثاني:

بيانات الكتابة في المغرب:
وعي التنظير أم وعي الإبداع؟

1 – بياناتُ الكتابة: بين التنظير والممارسة الإبداعية:

إنّ عرْضَنا – هنا – لبيانات الكتابة في المغرب (البيانات الشعرية تحديداً)، تلك التي جاءت على شكل تأملات ومُساءلات واقتراحات نظرية، أو – بالأحرى – في شكل مشاريع تنظيرية، تَقدم بها شعراء مغاربة، وطرحوا من خلالها تصوراً نظرياً يدعم أو يفسر – في منحى آخر – تجاربهم الإبداعية، ليس الغرض منه التأريخ لهاته البيانات، بقدر ما هو إبراز لهذا الوعي النظري بقيمة البصري والمكاني في القصيدة. هو الوعي الذي حصل – بشكل أو بآخر – لدى بعض الشعراء المغاربة مِثل (محمد بنيس، وعبد الله راجع على وجه التحديد)[1]، في مرحلة معينة من مسار كتابتهم أو تجاربهم النصية. ثم إن الهدف الرئيس من تناول هذه البيانات، هو نوع من التمهيد النظري لفهم بعض الخلفيات الجمالية والتعبيرية للتجارب الكتابية المكانية المغربية، بتجلياتها الكاليغرافية والبصرية أساساً. هي التجليات التي ظهرت بمثابة أشكال وتدوينات وصيغ جمالية متفاوتة في درجة التعبير والدلالة في تجارب ونصوص هؤلاء الشعراء وغيرهم، في مدونة الشعر المغربي المعاصر.

وإذا انطلقنا في البداية من رأي «فيكتور إيرليخ»، القائل بأن النص

الأدبي كان دائماً «جسد تفكير نظري»[2] بالنسبة للعديد من الأدباء والكتاب والنقاد والمفكرين منذ فترات بعيدة من تاريخ الأدب، فإن مجال هذا التفكير ورهاناته ظلت ــ مع ذلك ــ رهينة التأمل النظري الصرف. هو التأمل الذي لم يَعرف، سوى في الحالات القليلة، بعض التحققات الجمالية والتعبيرية أيضاً في الإبداع النصي. إذ غالباً ما ظلت امتدادات التنظير غير مؤثرة أو ــ بالأحرى ــ غير مترجمة ومتحققة فعلياً في النص الإبداعي، مهما كان شكل هذا النص أو جنسه وخصوصيته. وتضاعفت ــ بالتالي ــ هذه المسافة أو الهوة الفاصلة بين التنظير وتحققه في الإبداع. وذلك لكون جسد النص ظل دائماً مفتوحاً على حريته الشخصية، عصياً ومتعذراً على القبض، وبعيداً عن كل تدجين أو توجيه تطرحه الخطاطات النظرية، مهما كانت درجات عمقها الجمالي أو الفكري. إذ «لا مجال في النظرية، إذاً، للحديث عن حصر أو تشخيص كامل لجسد النص»، فكل «الخطاطات الحصرية، أو «المثبتة» كما يسميها «هنري ميشونيك»[3] بينت عبر تاريخ الممارسة النصية عن فشلها، وأكدتْ نسبيتها أو ضيقها، في مقابل سعة النص وانشراحه[4].

وإذا كانت العلاقة تكتسي دائماً هذا الطابع الجدلي ــ التجاذُبي والمترابط أساساً فيما يخص تبادل التأثيرات وأشكال التوجيه والتقويم بين التنظير والممارسة في كل مجالات الإنتاج الرمزي للإنسان، فإن البيان ــ هنا ــ باعتباره، عكس النقد، يرتبط بوظائف التنظير أكثر من ارتباطه بوظائف الفحص والتقويم والتوجه (وهذه مهمة النقد ــ على الأقل في نظرنا ــ ووظيفته)، فإن البيان يظل في أساسه وعمقه

وتوجهه بمثابة «برنامج أو خطاطة يحاول الشاعر أو الجماعة التي تنتمي أو تحاول أن تسير في اتجاه أو تيار شعري واحد، أن تُعبّر من خلاله عن طبيعة هذا البرنامج وعن المقترحات الشعرية التي غالباً ما تختار السير في غير المألوف أو تطرح نفسها بالأحرى، كبديل صريح أو ضمني، لما هو معروف من ممارسات أو مقترحات نصية ونظرية»[5].

ثم إن البيانات الشعرية، تُعتبر ظاهرة حديثة. وهي ترتبط ــ أساساً ــ في خطابها وغاياتها النظرية بـ «التحولات التي عرفتها بعض الحركات الشعرية في أوروبا وأمريكا. والشاعر الحديث لم يعد يكتفي بالممارسة النصية، فقد اختار الاقتراب من المعرفة الشعرية بنقل النص من حالة التعبير الصامت إلى ممارسة الكلام جهراً، من خلال بعض المقدمات التي صَدَّر بها بعض الشعراء دواوينهم، أو من خلال إصدار بيانات شعرية «ذات صفة علمية برنامجية تحدد أسس مبدأ شعري واتجاهاته»[6].

أما على المستوى العربي، فيمكن حصر ظاهرة «البيانات» بتواريخ محددة، فهي «تبدأ تاريخياً مع الشعر الحديث»[7]، وهي إحدى الظواهر التي صاحبتْ هذا الشعر، وارتبطتْ به. فمعظم الشعراء الجدد، الممثلين لحركة التحديث في العالم العربي في القرن العشرين «كانوا نقاداً، أو قدموا نظرات نقدية في الشعر والأدب». ويمكن اعتبار بيان خليل مطران: «بيان موجز» الذي صدّر به الجزء الأول من ديوانه في العام 1908، أول بيان صريح حاول فيه أن يؤسس لرؤيته وموقفه الشعريين. وفيه كان مطران يسعى لنقل

موقفه من الشعر الذي كُتِب في زمنه، وكذلك نقل موقفه من القصيدة في مفهومها وبنائها، وموقفه من اللغة ومن «مذاهب البيان»[8].

هذه مجرد إشارة أو إطلالة مقتضبة على ما عرفته الساحة الأدبية العربية على حد سواء – في فترات معينة من تاريخها – من بيانات التنظير للنص الأدبي (والشعري منه خصوصاً)، مهدناً بها لتناول أهم بيانين شعريين عرفتهما الساحة الأدبية والتجربة الشعرية المعاصرة في المغرب، مع أواخر النصف الثاني من سبعينيات القرن العشرين[9]: («بيان الكتابة» لمحمد بنيس، و«الجنون المُعقلَن» لعبد الله راجع).

لكن قبل ذلك، لا بدّ من إلقاء الضوء كذلك على أهم مقترح تنظيري للكتابة والشعر، قدمه أدونيس، الذي يعتبره الكثيرون واحداً من رواد الحداثة الشعرية العربية وأباها الرمزي من دون منازع، إن صح التعبير؟ هذا المقترح الذي كانت له امتدادات وتأثيرات عِدّة في الكثير من التجارب التنظيرية والكتابية والإبداعية الأساسية على امتداد خريطة الإبداع الشعري في الوطن العربي. إذ ظل المشروع النظري لأدونيس، وما اقترحه في مجمل كتاباته التنظيرية[10] حول الثقافة والكتابة والسياسة والفن والشعر – خصوصاً – بمثابة الخلفية أو المرجعية الكبرى، أو بمثابة «الدستور الأعلى»، إنْ صح التعبير، للحداثة الشعرية العربية في مُجملها بامتياز.

حيث امتدت سطوة هذا الأفق النظري الأدونيسي (نسبة إلى أدونيس) – برؤاه التجديدية، المطبوعة بقراءات ثائرة ومغايرة للثقافة

العربية بمختلف تجلياتها وأشكال إنتاجها الرمزي – إلى مختلف مناحي وأشكال وصيغ هذا الإنتاج أيضاً، بما في ذلك خريطة الإنجاز الشعري المغربي.

وما أورده محمد بنيس في «بيان الكتابة» مثلاً – بخصوص الاختلاف والمغايرة والحداثة في مشروع كتابة شعرية جديدة ومغايرة – لم يكن سوى نوع من الترجيع الخاص لآراء «أدونيس» بهذا الخصوص. هذا إذا اعتبرنا أن أهم ركن في المشروع النظري الأدونيسي برمته، هو محاولة أو رهان القطع مع تصورات ورؤى قديمة، ظلت تتحكم في صياغة وقراءة المشروع أو التجربة الشعرية العربية، قديمها وحديثها ومعاصرها كذلك.

يتحدث أدونيس – ضمن «بيان الحداثة» – عما يسميه: «أوهام الحداثة»، ويوجز هذه الأوهام في «خمسة» قائلاً:

– الوهم الأول: هو الزمنية، فهناك من يميل إلى ربط الحداثة بالعصر، بالراهن من الوقت، من حيث إنه الإطار المباشر الذي يحتضن حركة التغيير والتقدم أو الانفصال عن الزمن القديم.

– الوهم الثاني: هو ما أسميه بوهم المغايرة: ويذهب أصحاب هذا القول إلى أن التغاير مع القديم، موضوعات وأشكالاً، هو الحداثة أو الدليل عليها.

– الوهم الثالث: هو ما أسميه بوهم المُماثلة: ففي رأي بعضهم أن الغرب مصدر الحداثة، اليوم، بمستوياتها المادية والفكرية والفنية.

وتبعاً لهذا الرأي، لا تكون الحداثة، خارج الغرب، إلا في التماثل معه.

– الوهم الرابع: شأن الوهم الخامس، فنّيان يرتبطان عضوياً بوهميْ المماثلة والمغايرة. أسمي الأول: وهم التشكيل النثري، وأسمي الثاني: وهم الاستحداث المضموني. وهذان رائجان اليوم. وَهُمُ النثر استغراق في المغايرة – المماثلة. ووهُمُ المضمون استغراق في الزمنية[11].

بهذا المعنى، يكون المقترح التنظيري لأدونيس، خصوصاً في «بيان الحداثة»، على سبيل المثال لا الحصر، مسكوناً أساساً بهاجس «الابتداء». هذا الهاجس الذي كان أيضاً «أحد الهواجس الأساسية فيما كتبه أدونيس في بياناته»، هو ذات الهاجس الذي صدر عنه «بيان الكتابة» (1980) لمحمد بنيس و«موت الكورس» لكل من «أمين صالح» و«قاسم حداد»[12].

لنلِج الآن إلى حدود بيانات الكتابة المغربية («بنيس» وبعده «راجع»)، ولنحاول أن نقترب أو ننصت أيضاً، بالقليل من الفحص، إلى نبض هذه البيانات ووجعها الداخلي. على اعتبار أن غايتنا – هنا – ليست هي تحليل هذه البيانات ومناقشتها أو إخضاعها لأشكال تأويل مستفيضة، بقدر ما تكون الغاية هي بسط بعض أفكارها وملامحها الأساسية، وبما يخدم طرحنا السالف الذكر، والمتجلي أساساً في اعتبار هذه البيانات (بغض النظر عن مسألة اتفاقنا أو عدم الاتفاق مع ما جاء في بعضها أو كلها) هي بمثابة إرهاصات أولية، أو مقدمات نظرية مهدتْ لوعي بصري – نظري جديد في الساحة الشعرية المغربية المعاصرة. وذلك ما جعلنا نخصص لها مبحثاً

كاملاً ومستقلاً من هذا الفصل من البحث، ونقوم بعرض أهم ما جاء فيها من أفكار وآراء ومقترحات فكرية وجمالية، من خلال شواهدها النصية الحية كما جاءت في صياغتها الأصلية، متجنبين – في ذلك – القيام بنوع من التلخيص الذي قد يُسقِط مضامين هذه البيانات في نوع من الاختزالية.

غايتنا – هنا – أن نَدَع هذه المشاريع التنظيرية تتكلم بصوتها الخاص. هي المقترحات النظرية التي أثارت – وقتها – سِجَالات عديدة، كانت أحياناً أكثر من عنيفة، وأسالت في الداخل والخارج كمية غير قليلة من المداد، وخصوصاً «بيان الكتابة» لمحمد بنيس، لكونه – ربما – كان الأقوى رهاناً وصِدَامية أيضاً (مقارنة مع بيان «الجنون المُعقلَن» لعبد الله راجع)، وذلك من خلال طرح بيان «بنيس»، أو اقتراحه لما يشبه «أفق استحالة»، صعُبتْ معه، في الكثير من حالات وصيغ الإبداع الشعري المغربي، ترجمة ما جاء به من مقترحات التنظير وتمريرها إلى مقترحات الإبداع والكتابة.

2 – «بيان الكتابة» لمحمد بنيس أو «الحُلم – المُقترَح الجمالي» الذي لم يتحقق:

يفتتح الشاعر محمد بنيس «بيان الكتابة» – في حده الأول – بهذه العتبة أو بهذا الإقرار المُصاغ بصوت ضمير الغائب – مؤقتاً على الأقل – قائلاً: «هناك من يعترض ولن يقرأ ما سيشْغل البياض، ليقول: لسنا بحاجة إلى التنظير، نحن بحاجة إلى الشعر. يقول أيضاً: تقديم الشعر، إصدار بيانات، تعيين الحدود، خارجة على عادتنا،

إنّ سُنّة الشعر في المغرب هي الإنشاد، وتلك سُنّته في عموم العالم العربي، وما عداها ليس إلا تبريراً أجنبياً عنا، يستأنس به الباحثون عن شرعية وهمية»[13].

ما الذي يبتغي بنيس طرحه، أو إيصاله – من خلال هذه العتبة – كرسالة تتجه أساساً صوب صانع القصيدة المغربية ومتلقيها في آخر المطاف؟ وما الذي يجعل هذا الإقرار مُحَمّلاً أيضاً بلغة تقترب كثيراً من السخرية والإحساس العميق أو الدفين بالفاجعة؟ إنه الوضع المُتوارَث لشكل هذه القصيدة في القراءة والتدوين. بل إنه وضع مدونة شعرية مغربية أو عربية (الفرق هنا لا يهم) ظلت تقبع – برمتها – منذ عصور تحت السلطة المتعددة للكثير من المتعاليات: السياسي منها وغير السياسي. أو إنه – بالأحرى – وضع انكفاء الشعر على فاجعته.

إذ ظل «هذا الشعر المقدس – يضيف محمد بنيس – في الكتب والمقررات الرسمية ينكفئ على موته الدائم، يختلي ببرودته وتكلسه. لا سؤال لديه ولا جواب. لا حنين ولا كشف ولا مغامرة. ركام من البلادة والعَفَن. صكوك الإدانة، هذه وظيفته. مَحْق، قَهْر، ونفاية»[14].

ليس البيان «فرضاً لرؤية ما، بقدر ما هو دفْع صريح للآخرين إلى الارتباط بالقلق وتبني السؤال»[15] والشعر «في المغرب الحديث – يضيف محمد بنيس – ظل على هامش الحديث السياسي الذي ظل يتحكم في كل المبادرات. فهو يجعل من الشعر تابعاً لا مبدعاً، أسيراً لا متحرراً، والكلمة الأولى لتصريف حقيقته السياسية»[16].

58

السؤال والقلق، هنا، (سؤال الشعر وقلق الكتابة) هما العتبتان اللتان يضعهما محمد بنيس كقاعدتين أساسيتين لمشروع كتابة مغايرة. كتابة تتجاوز – في وجودها – سلطة السياسي، وتتخذ لها الحرية والانعتاق أفقاً حقيقياً يوصلها إلى الخصوصية والمغايرة في نفس الوقت. خصوصاً وأن الكتابة، بهذا المعنى، – يستطرد بنيس قائلاً: «ليست منعزلة في المغرب، تخشى الانفتاح على الآخرين. إنها مشروع جماعي نتوحد فيه، تعيد النظر في الجمالي، الاجتماعي، التاريخي، السياسي، ثورة محتملة ضمن الثورة الاجتماعية المحتملة أيضاً. لا بد للكتابة في المغرب من مغادرة الإطار الضيق، وتسافر بعيداً بخصوصيتها» [17].

من هنا، يبدأ البيان في الإفصاح، بشكل علَني، عن لغة «المواجهة». متجهاً في ذلك إلى الدعوة الصريحة للتأسيس لهذه «المواجهة» ضمن أفق آخر، يكون على القصيدة المعاصرة في المغرب أن تَلِجَه بكل إصرار وجسارة وجرأة مطلوبتين: الجرأة على تغيير كل شيء، وإعادة النظر في كل شيء، في الخطاب وفي البنية، في المضمون وفي الشكل. «أن نُغيّر مسار الشعر – يقول بنيس – معناه أن نُبنْيِن النص وفق قوانين تخرج على ما نسج النص المعاصر من سقوط وانتظار، أن نؤالف بين التأسيس والمواجهة» [18].

بعد توصيفه لسُكونية القصيدة المغربية ومضمونها، وبعض مآزق نمطيتها التعبيرية والجمالية، وإشكالات تبعيتها للسياسي، ينتقل البيان إلى عَصَب الموضوع ولُبّه – على الأقل فيما يهم غايتنا في هذا البحث – أي مسألة الرهان الجمالي لهذه القصيدة، والذي هو

رهان العين، والوعي بخصوصية المكان النصي وجماليته، والتجسيد البصري لهذه القصيدة في المكان. رهان ينبني أساساً على مغامرة الهدم والبناء، المحو والكتابة، الفراغ والامتلاء. بحيث تتجاوز القصيدة المغربية – في أفقها المقترح «ذاكرتها المتسلطة» و«قمْع المخيلة»، و«وعيها المهادن»، لتلج الأفق الآتي وفضاء الحرية والوعي المشاكِس.

وقد «آن لنا أن نخرب الذاكرة كآلة متسلطة – يضيف محمد بنيس – تُفَصّل الممكن على قياس الكائن، تُمنهج مَحو العين التي هي تاريخ كل عين»[19]. ثم، إننا «لسنا مقموعين سياسياً واجتماعياً وثقافياً فقط، ولكننا مقموعون في مخيلتنا وجسدنا أيضاً»[20]. إذ ظل الشعر كذلك «كلاماً»، بل المعرفة كلها. وما زلنا نردد «يؤخذ العِلْم من أفواه الرجال»[21].

وفي ذلك إحالة على الذاكرة، باعتبارها وعاء ظل شديد الارتباط بالحِفظ وبالشفاهية، ومن هنا أيضاً يبدأ الحديث – في البيان – عن الكتابة، باعتبارها منجزاً حسياً ومادياً يحيل إلى العين والجسد وكافة الحواس بشكل أساس.

هكذا ينتقل البيان – في طرحه المتجه أكثر إلى التأكيد على أهمية الخاصيات الفضائية والبصرية للقصيدة الفضائية أو البصرية الجديدة – إلى الحديث عن عدم اهتمام القراءة النقدية العربية المعاصرة (بما في ذلك تجربة النقد المغربي) ببنية المكان في القصيدة. هي البنية التي «تجاهلها أو جهَلها نقاد الشعر المعاصر، في عموم العالم العربي، وقد

أسرَهم الإيقاع، وما ذلك إلا نتيجة انحيازهم للكلام، وإلغائهم للكتابة. وهم في موقفهم هذا على عكس بعض الشعراء والنقاد الأندلسيين والمغاربة القدماء، وبعض الشعراء الأوروبيين والأمريكيين اللاتينيين المعاصرين، وكذلك بعض الشعراء الآسيويين، يابانيين وصينيين، هم الذين جعلوا من التركيب الخطي بُعداً بلاغياً يفتح النص على البصر بعد أن اكتفى بالسمع زمناً طويلاً»[22].

ومن هنا، يضيف البيان في نفس السياق: «يبتعد المكان في الكتابة عن مفهومه كحيز في الفضاءات المتعددة الموجودة خارج الورقة. إنه منحصر في علاقة الخط بالصفحة البيضاء. فاللّغة، من حيث هي منطوق زمان، ومن حيث هي خط مكان. وما كان للعرب اهتمام فائق بالزمان إلا لكون الشعر كان عندهم كلاماً. أما المكان فلم ينتبه الشعراء إلى تركيب قوانينه إلا مع ظهور مجتمع الكتابة[23].

من هنا، نطرح السؤال الذي لا بدّ منه: ما هي «القوانين» أو الخصائص البصرية الأساسية للمكان وفضائية القصيدة حسب محمد بنيس؟ تلك الخصائص التي يسترسل البيان في توصيفها بلغة الفكر والتنظير أحياناً، ثم بلغة المجاز والاستعارة والرمز كذلك في أحايين أخرى؟ إنها خاصيات «الملء والفراغ»، «البياض والسواد»، هي التقنيات أو الخاصيات الجمالية والتعبيرية التي يكون لليد وحدها (من خلال عملية الكتابة) أن تتفنن في رسم وتنويع مظاهرها وملامحها البصرية الدالة والمعبّرة، كما يكون للعين كذلك (عين القراءة) وحدها الاستمتاع بهيئتها الشكلية، والاحتفال كذلك بجماليتها البصرية وتفكيك مدلولات خطابها البصري.

إن خصائص أو «قوانين ملء / إفراغ المكان بالنسبة للكتابة متعددة ولا نهائية. ما دامت تخرج على النمطية، حتى يفاجئ كل نص عينه كما تفاجئ العين تاريخها وتكتبه»[24]. والكتابة باليد من خلال خصائص «الملء والفراغ» هي «دعوة إلى ضرورة إعادة تركيب المكان، وإخضاعه لبنية مغايرة. وهذا لا يتم بالخط وحده، إذ يصحبُه الفراغ، وهو ما لم ينتبه إليه بعض من يخُطّون نصوصهم بدل اعتماد حروف المطبعة»[25].

هكذا تكون الرغبة أيضاً: رغبة الاحتفال والاستمتاع بالقراءة، أو النظر إلى النص الشعري كجسد يُزيّنه الفراغ كذلك مثلما يزينه الامتلاء، حاضرة في لغة البيان وقصْديته التنظيرية والجمالية. حيث يكون، بنفس المعنى، «عدم الاحتفال بالفراغ سقوط في الكتابة المملوءة التي لا تترك مجالاً لممارسة حدود الرغبة. إذ إن كل كتابة مملوءة هي كتابة مسطرة لحد واحد يدعي تملك الحقيقة، يَنْوَجِدُ ضِمْن خط الحياة الميتافيزيقي، ببدايته ونهايته المعلومتين»[26].

أما بالنسبة للكتابة كرهان جمالي يحتفي بالفراغ، والبياض، والسواد، وموسيقية الخط والنص، وعلاقتها بالجسد في «بياضها وسوادها – يضيف البيان – تقاوم مسلك التشخيص الذي تركبه الأشكال الخطية في بعض التجارب الأوروبية (...) وتركيب المكان من خلال الخط الكتابي، ليس انسياقاً وراء شَرك الحكائية أو إقحاماً لما هو غير خطي على فضاء النص. هذه إشارة ضرورية إلى الفرق بين الكتابة وخَطّيات «أبولينير» وتجارب السورياليين»[27].

إذ «تولد الكتابة في لحظة فراغ، وهنا تمارس الذات تكوينها، ومن

ينكر على الكتابة إعادة بنية المكان، يمنع كتابة جسد ينتشي بموسيقية الخط، موسيقية تمنح النص سلام من الأنغام والألحان. واختزال الكتابة إلى مجرد فضاء بصري تُلصق به تسمية القصيدة البصرية، يتخفى وراء الظاهر، ما دامت الكتابة لا تقوم على البياض والسواد وحدهما»[28].

يَصِلُ بيان محمد بنيس – في مرحلته النهائية – إلى الحديث عن الخط (الخط المكتوب أو المنسوخ باليد أساساً)، باعتباره الأداة التعبيرية والجمالية التي يكون بمقدورها دائماً نقل العديد من خصوصيات ونبض اليد التي تكتبه، وكذلك العديد من آثار الجسد الذي يصدر عنه هذا الخط. وذلك ضمن توضيح أو رؤية شخصية لمحمد بنيس كشاعر وليس كخطاط. حيث «ليس الخط – هنا يضيف بنيس – حِلية تنضاف إلى الكلام، إلى الصوت، إلى الزمان. من يقول بهذا الحكم يظل مستسلماً لتيهه، لأنه لا يخرج عن الدائرة الميتافيزيقية التي منحت الأولوية للصوت، وتجعل الخط مجرد حامل للمعاني (...) والبحث عن بلاغة جديدة للنص يستلزم اختراق الكلام، الصوت، بالخط الذي يملك سره الخاص لقلب المفهوم السائد للشعر، وهو فعل يُجَذِّر مادية الكتابة وجدليتها»[29].

إذ يكون خط اليد – هنا – كأثر للجسد، وكتَجَلٍّ لحرية هذا الجسد في ظل الحضرة والانخطاف، مرتبطاً بمفهوم هذا الخط نفسه ونظرتنا إليه. حيث «مفهوم الخط، كما تم توضيحه – يقول البيان – يُمَكّن من الخروج على دائرة الكلام المغلقة، يرحل بالجسد بعيداً، حيث الاحتفال المنسي يحتفظ بتحرر أعمق لم نكن نسائله. ويظهر أن

الخط المطبعي عادة ما يلغي النص كجسد، حروفه باردة تسقط على الأوراق – البياض، يتحكم فيه سفر من اليمين إلى اليسار يختزل النص في معنى، والمعنى في كلام، يمحو نشوة القراءة وتعدد الدلالة. اتجاه واحد أوحد يخضع لأمر المتعالي، ويستكين لنمطية الحرف وتكراريته واستهلاكيته (...) شيء ما يظل غائباً، إنه الجسد المترنح في ظل الحضرة»[30].

بذلك أيضاً، يكون خط اليد بمثابة أثر مادي للجسد، وصيغة أخرى لتحرر هذا الجسد من استبدادية المعنى. ومن هنا أيضاً «يتدخل الخط لردع المتعاليات، من الأصولية والانغلاق، تتحرك يدك، عينك، أعضاؤك، كل الاتجاهات تصبح ممكنة، تحطم استبدادية العين، أصولية الشرق ومآلية الغرب. ينفتح الخط على تاريخيته، يدمر ميتافيزيقيته وهو يتّبع حركة الجسد ونشوته، تتحرر حواسك، أليافك، كل الدلالات تصبح ممكنة»[31].

يَصِلُ البيان الآن إلى وضع يده الشغوفة بآثار العين وتجلياتها البصرية الممكنة والغائبة أيضاً في تدوينات الخط المغربي للقصيدة بشكل خاص، على ما يسميه كذلك «عودة المكبوت» في هذا الخط، مُعلِناً بذلك عن مشروع «عودة الخط المغربي» في كتابة القصيدة المغربية. إذ كثيراً «ما كبتنا عِشْقنا للخط المغربي – يضيف البيان – هذا الأثر الذي يمنح هويتنا ابتهاجاً. إنها عودة المكبوت. حاولنا مَحْقَ هذا العشق، تنويمه، بحجة تكريس وحدة الخط العربي، وحدة الذوق، وحدة الحساسية»[32].

لقد حان الوقت «لمنح النص ابتهاجه، ونسترد ملكيتنا للخط

المغربي، يضيف محمد بنيس: بعضهم يقول إن الخط المغربي متمنع الاستعمال في كتابة تحررية، ما دامت تاريخيته محكمة الوصل بالسلطة والمتعاليات»[33]، و«عودة الخط المغربي تتنصل من كل قطيعة مع الأنواع الأخرى من الخطوط العربية، ولا مع الممارسات الخطية خارج العالم العربي، لأن الكتابة تنبذ الانغلاق مهما كانت صيغته، فيما لا تستسلم لمحو الفرق. إنها مغربية، عربية، إنسانية»[34].

إنه الخط المغربي الذي تراهن لُحمة البيان ومقترحاته النظرية على مكنوناته التعبيرية وطاقاته الجمالية والتشكيلية. هو الذي — لو تجسدت كافة طاقاته في التدوين النصي للقصيدة المغربية — قد يجعل المشروع أو الحلم الجمالي للبيان يتحقق في رحم هذه القصيدة وجسدها كذلك. أي حين «يفسح الجسد للعين مجال الرؤية، وتكتب العين تاريخ الجسد، كل منهما يتبادل مع الآخر لعبة إعادة إدراك الموجود والموجودات، وتمارس الكتابة افتضاض المألوف، السائد، المغلق، والمعتاد»[35].

ثم إن «استرجاع الشرعية للخط المغربي، هو استرجاع للجسد الذي أغوته الثقافة الشرقية في تعاقبية تكرارها، وتِرداد أنماطها، وبالتالي فإن التنصيص على التشكيل الخطي هو تنصيص على البصري في بيان الكتابة، وهو استحضار لنبض الكاتب واندفاقه الشعوري وتحولات جسده»[36].

ثمة إصرار إذاً، أو تنصيص على الخصوصية المغربية المتمثلة في «ترويض الخط المغربي وصَهره في ذاكرة وحساسية الثقافة

المغربية (...) ومن جهة ثانية، إلغاء السياسي للثقافي من خلال هيمنة الخطاب السياسي»[37].

وذلك ظل المطمح أو المطلب الجمالي الخاص والرئيس لمحمد بنيس، وغايته من وراء إصدار «بيان الكتابة». هو المطلب الذي ظل كذلك متعذراً – ربما – أو عصياً على القبض والفهم معاً في القراءة داخل التجربة الشعرية الكاليغرافية المغربية.

3 – عبـد الله راجـع و«الجنـون المُعقلَـن»: دعوة أخرى للاحتفاء بجسد النص:

ينطلق ثاني أهم بيان للكتابة في الذاكرة أو في المقترحات التنظيرية لمدونة الشعر المغربي المعاصر، من رؤية تضع «الجنون» كقاعدة أو كخلفية رئيسة لصياغة نص شعري جديد ومغاير في المغرب. لكن جنون «عبد الله راجع» يأتي أكثر تركيزاً واقتضاباً من «جنون» محمد بنيس، وربما أقل طموحاً، وأكثر «عقلانية» أيضاً. إذ يُصر عبد الله راجع – من خلال عتبة العنوان – على أن يكون بيانه وجنونه أيضاً محكومين بسلطة العقل: هو الذي يكبح، بشكل أو بآخر، في بيانه تلك «اللغة الشعرية الحالمة»، بدفقها الاستعاري والمجازي حتى داخل التنظير، مثلما جاءت في «بيان الكتابة» عند محمد بنيس.

يعيد بيان «راجع» بدوره طرح مسألة الاحتفاء أو الاحتفال بجسد النص الشعري، كقاعدة أساسية في التعامل مع هذا النص: قراءة وتدويناً. وهو يفتتح كذلك مقترحه النظري بالدعوة إلى إقامة

هذا الاحتفال ضمن لغة صوفية محمومة ومحمّلة بالرؤيا وبطقوس «حضرة» أو رعشة الجسد التي تقود أو تفضي – بالأحرى – إلى حالات الانخطاف وتجاوز سُلطة الواقع وعنف «المتعاليات» التي تكبّل الذات والجسد، وتمنعهما من الوصول إلى حالات الكشف. احتفال ضمن رؤية يطبعها أو يوجهها السؤال أساساً.

يقول أو يتساءل «عبد الله راجع» في مستهل البيان وعتبته: «احتفال آخر بقدرة الذات والنص على التحرك خارج مدار المتعاليات. هل يكون الرحيل إلى الحضرة بغير اكتشاف لألق الأصابع؟ ليكن هذا الجنون معقلناً، ولنضِفْ حاسّة الجنون إلى قائمة الحواس. كل الحواس مدجنة، رُبّيتْ على المألوف القمعي، فصار المألوف قاعدة، وكل مِشية للحواس خارج مدار القاعدة شذوذاً»[38].

يحدد هذا البيان، منذ البداية، بعض منطلقاته الفكرية والجمالية التي تراهن بشكل أساس أيضاً على حرية الجسد واليد، وأحقيتهما في الحرية والانعتاق وصُنْع بهجة النص الشعري وألقه الحسي والبصري. يجعل «النبوءة» وعنصر الرؤيا مجالاً ناظماً، يمتحن فيه النص حضوره وغيابه في نفس الوقت. وبذلك «سيحمل النص نبوءته الممتحنة – يكتب «راجع» – يصدم العين والأذن والحساسية، من أجل أن تحترف الحواس وظائفها الحقيقية وتدخل عالم الحضور المكثف، مُفجَّرَة بقلق الاكتشاف»[39].

هكذا يبدو بيان «راجع» أيضاً مفتوناً بتجاذبات البياض والسواد، وما لهما من قيمة جمالية وتعبيرية أيضاً، في جعل النص الشعري بؤرة لنوع من التضاد الخصب للامتلاء والفراغ، هو الذي سيصبح

أيضاً بمثابة الميزة أو الناظم الشكلي والفني والبصري للتجربة الشعرية برمتها في المغرب وغير المغرب. إنه الفراغ نفسه الذي سيكتشف محمد بنيس «هِبَاته» الجمالية والدلالية، ويخصه فيما بعد بديوان شعري كامل، يحمل اسمه وشكله وصفته: «هِبَةُ الفراغ» [40].

ولعل «حيز الصنعة» باعتباره مكاناً مُهمَلاً أقرب ما يكون إلى ما يُفهم عادة من كلمة سياق أو «أرضية» حين ننظر إلى السطور السوداء في علاقتها بالبياض. وسيصبح ممكناً بعدها أن نتحدث عن بلاغة «الفراغ» [41].

هكذا يتحدث بيان «راجِع» عن بلاغة بصرية ممكنة، ضمن نوع من «التنافر» الحاصل في قلب «الفاعلية الشعرية» مع ما هو سائد ومألوف، وضمن سمات التضاد نفسها بين البياض والسواد، باعتبارهما عنصرين جماليين في ترسيم جسد القصيدة، من جهة، ثم لكونهما أيضاً عنصرين فنيين، قد يصبحان مجالاً خصباً لتجريب جمالية التشكيل الخطي، من جهة ثانية.

وإن كان من الممكن أيضاً أن تتحقق في نفس السياق ونفس الدعوة «سمة التضاد في أوضاع تقوم على تنافر الفاعلية الشعرية مع السائد في كل الميادين – يضيف البيان – فليس التنافر داخل السياق سوى صورة مصغرة لتنافر آخر على مستوى علاقة المبدع بالمجال (...) وليس من الغريب أن يكون لدخول التشكيل الخطي إلى جانب الخط العادي في نص شعري ما، ما يبرره على مستوى الواقع أولاً، وعلى المستوى الفني ثانياً. باعتبار أن التشكيل هنا إنما يُنظَر إليه على أنه أحد قطبي هذا التضاد» [42].

ثم إذا كان «دخول التشكيل إلى جانب الخط العادي ليس سوى منبه أسلوبي (...) فهل يمكن أن نضع تصوراً يأخذ بعين الاعتبار كون النص الشعري العربي القديم، والموسوم كتابة بتوازي الشطرين مع سموق خط أبيض في الوسط، كان تحققاً لحياة الجاهلي القائمة على الترحال والسفر؟ وأن البياض الذي يفصل بين شطريْ البيت والممتد من أعلى الصفحة إلى أسفلها لم يكن إلا فراغاً يتكلم؟»[43].

إن هاجس المكان النصي، في بُعده المادي، وتمظهره البصري على الصفحة والحامل بالنسبة إلى القصيدة، هو أيضاً هاجس هذا البيان وغيره من المقترحات النظرية والإبداعية في العديد من الشعريات، التي راهنت ـ قراءة وتدويناً ـ على إدخـال النص الشعري إلى ممكنه الجمالي والبصري دلالة وتعبيراً. وامتلاك هذا المكان النصي المُشخَّص والبادي للعين، أو ـ بالأحرى ـ تطويعه ضمن رؤى وتدوينات مغايرة ـ هو ما يبغي بيان «راجع» إدراكه والوصول إليه.

وحين «نريد هنا ـ يقول «راجع» ـ إن نمتلك هذا الكائن الصامت ـ الناطق الذي يُدعى المكان. نريد أن نُسَخِّره ليدخل بدوره مملكة الدلالة، وليصبح من ثمة بُعداً من أبعاد النص المقروء المرئي. ليس الأمر صعباً على عين تعودتْ ألّا ترى في الصفحة مجرد بياض ينتظر الحبر. ولكن كم نحن في أمَسّ الحاجة إلى عين غير مدجنة لتكتشف داخل الصفحة حقلاً قابلاً للتوزيع والتشكيل، بحيث يمكن للأرضية ـ البياض أن تصبح في بعض الأحيان بديلاً عن الشكل ـ الحِبر»[44].

وبالرغم من أن البيان ينساق بدوره، في دعوته إلى كتابة مغايرة، تعتمد لغة الحواس، وأحقية حرية الذات واليد والجسد في صنع النص الشعري الحسي والمشتهى من قِبَل العين وكافة الحواس، فإن «راجع» نفسه يصر على توضيح معنى وطريقة استعمال هذه الحرية في الكتابة وفي علاقتها بالحواس. إذ يعمل على حماية هذه الكتابة وهذه الحواس نفسها من «الانفلات»، والسقوط في استخدام «حرية وجنون الفوضى الجمالية» أو «الكتابة الآلية» التي اتخذتْها بعض الاتجاهات أو التيارات الشعرية الغربية (السريالية كنموذج) وسيلة وشكلاً لصياغة النص الشعري وغير الشعري.

إذ لا مجال هنا ـ يضيف البيان ـ «لعَقْد مقارنة بين هذا المشروع، والاتجاه السريالي في الشعر، فالمشروع المقترح هنا لا يهدف إلى استكناه مسافات اللاوعي المغناطيسية، ولا يتوسل إلى هدفه بالهلوسات الإرادية، وانفلات الحواس، وتمزيق الصورة، واستخدام الكتابة الآلية (...) وللمساحة البصرية لغة خام قابلة للتدجين من نوع آخر، وهي لن تتحول كلاماً إلا حين تفرض نبوءتها. النص هنا جغرافية، نتوءات وتضاريس ومناطق خصبة. النص هنا محاولة لربط الدلالة بالعين الجديدة. كل كتابة عرس، عرس للعين والأذن والباطن، القاتلون وحدهم يكتشفون الرعب في الأعراس، يكتشفون ملامحهم الهجينة. كل الحواس مدجّنة، وحاسة الجنون المُعقلَن وحدها تملك القدرة على النسف»[45].

ماذا استطاعت هذه البيانات، بلوغَه أو تحقيقه، على الأصح ـ تنظيراً وإبداعاً ـ في مُنجَز القصيدة المعاصرة في المغرب، وفي

أفقها المتجاذب، كغيرها من التجارب الشعرية العربية، بين الحداثة والتقليد؟ وهل تمكنتْ هذه المشاريع أو المقترحات التنظيرية من تأسيس كتابة شعرية مغايرة في المغرب، وفقاً لخُطاطات التنظير والفكر والجمال، وشهوة العين في أن «تنسف» تاريخها القديم، وتؤسس لتقاليد كتابة شعرية جديدة، يكون «الاحتفال» البصري بجسد النص، هو تحققها المطلوب، داخل خصوصيات الذات الكاتبة، وخارج كل مدارات الحداثة أو تقليعاتها أو «أوهامها» الجديدة، على حد تعبير رائد الحداثة الشعرية العربية أو عرّابها نفسه: أدونيس؟

ثم كيف تصبح الكتابة، بهذا المعنى، «فعلاً جسدياً؟ كيف يمكن للجسد أن يكون موضوعاً لكتابة شعرية جديدة؟ هل حققت البيانات النظرية لشعراء مجلة «الثقافة الجديدة» تصوراً يسمح بإمكانية خروج القصيدة المغربية إلى آفاق أرحب؟»[46].

انطلاقاً من هذه الأسئلة الكبرى وغيرها، هي الأسئلة المؤطِّرة لحضور الجسد كأثر في التجربة الشعرية الكاليغرافية المغربية، والتي سنحاول – قدر الإمكان – في المبحث الموالي من هذا الفصل استجلاء بعض خصوصيات هذه التجربة: قراءة وإبداعاً، وذلك من خلال تحققات بعض السِّمات التعبيرية والجمالية الأساسية والدالة، لهذا المقترح البصري في القصيدة المعاصرة في المغرب. سواء ضمن ما أنجزه هذا المشروع – في نماذجه الأساسية – على مستوى الإبداع، أو من خلال ما خَلَّفه هذا المقترح نفسه من ردود فعل في القراءة والتلقي، داخل المغرب وخارجه.

هوامش الفصل الثاني:

1 ــ نقصد ــ هنا ــ بشكل أساس: «بيان الكتابة» لمحمد بنيس، و«الجنون المُعقلَن» لعبد الله راجع.

2 ــ فيكتور إيرليخ. الشكلانية الروسية. ترجمة محمد الولي. المركز الثقافي العربي. الطبعة الأولى. 2000 ــ ص 163.

3 ــ Henri Meschonnic. "Critique du Rythme, anthropologie historique du langage". Ed. Verdier. 2ème édition. 1982. P 16.

4 ــ صالح بوسريف، الكتابة في الشعر العربي المعاصر، (أطروحة مرقونة لنيل شهادة الدكتوراه، تحت إشراف د. العربي الحمداوي، كلية الآداب والعلوم الإنسانية ظهر المهراز، فاس، 2002 ــ 2003)، ص 97.

5 ــ المرجع نفسه، ص 98.

6 ــ المرجع نفسه، (وللمزيد من التفصيل في هذا الإطار: انظر أيضاً «الإحالة الخامسة» من هوامش «الفصل الثالث» في الصفحة 121 من نفس الأطروحة، حيث يستعرض الباحث بعض النماذج من ظاهرة البيانات الشعرية في أوروبا وروسيا، انطلاقاً من سنة 1800 ميلادية).

7 ــ المرجع نفسه. (حيث يورد «بوسريف» بهذا الصدد في الإحالة رقم 15 من هوامش «الفصل الثالث» من بحث أطروحته ــ الصفحة ــ 121: مسرداً بأهم البيانات التي صدرت منذ العام 1908 حتى ظهور حركة «الشعر الحر»).

8 ــ صالح بوسريف، الكتابة في الشعر العربي المعاصر، مرجع سبق ذكره ص 99.

9 ــ تم نشر البيانين معاً في المغرب. وتحديداً في العدد 19 من مجلة «الثقافة الجديدة» لسنة 1981، والتي كان الشاعر محمد بنيس مديرها المسؤول، فيما كانت هيئة تحريرها تتكون من كل من: محمد البكري، مصطفى المسناوي وعبد الله

راجع. ثم أعاد محمد بنيس نشر بيانه في كتابه: «حداثة السؤال: بخصوص الحداثة العربية في الشعر والثقافة»، الصادر في طبعته الأولى عن «دار التنوير للطباعة والنشر» ببيروت سنة 1985.

10 – يمكن اعتبار كل أو جُل كتابات أدونيس النظرية حول الثقافة والسياسة والفن بمثابة «بيانات نظرية»، تؤسس أو تدعو – بالأحرى – إلى رؤى جديدة، مطبوعة بقراءات ثائرة ومغايرة للثقافة العربية بمختلف تجلياتها وأشكال إنتاجها الرمزي.

11 – أدونيس، فاتحة لنهايات القرن: بيان من أجل ثقافة عربية جديدة، دار العودة، بيروت، الطبعة الأولى، 1980. ص 313 – 315.

12 – صالح بوسريف، الكتابة في الشعر العربي المعاصر، مرجع سبق ذكره. ص 108.

13 – محمد بنيس، حداثة السؤال، دار التنوير للطباعة والنشر، بيروت، الطبعة الأولى 1985، ص 9.

14 – محمد بنيس، حداثة السؤال، مرجع سبق ذكره، ص 10.

15 – المرجع نفسه، ص 17.

16 – المرجع نفسه، ص 15.

17 – المرجع نفسه، ص 18.

18 – المرجع نفسه، ص 18 – 19.

19 – محمد بنيس، حداثة السؤال، مرجع سبق ذكره، ص 20.

20 – المرجع نفسه، ص 24.

21 – المرجع نفسه، ص 26.

22 – المرجع نفسه، ص 29.

23 – المرجع نفسه، ص 29.

24 – محمد بنيس، حداثة السؤال. مرجع سبق ذكره، ص 29.

25 – المرجع نفسه، ص 29 – 30.

26 – المرجع نفسه، ص 30.

27 – المرجع نفسه، ص 30.

28 – محمد بنيس، حداثة السؤال، مرجع سبق ذكره، ص 30.

29 – المرجع نفسه، ص 30.

30 – المرجع نفسه، ص 31.

31 – محمد بنيس، حداثة السؤال، مرجع سبق ذكره، ص 31.

32 – المرجع نفسه، ص 32.

33 – المرجع نفسه، ص 32.

34 – المرجع نفسه، ص 33.

35 – المرجع نفسه، ص 35 – 36.

36 – محمد الزموري، الشعر والجسد: تجليات تجربة شعرية جديدة – جماعة من الباحثين، محمد بنيس: «الكتابة والجسد»، منشورات مجموعة الباحثين الشباب في اللغة والآداب – كلية الآداب والعلوم الإنسانية – مكناس. مطبعة أنفو برانت. 2007. ص 39.

37 – محمد الزموري، الشعر والجسد: تجليات تجربة شعرية جديدة – جماعة من الباحثين. محمد بنيس: «الكتابة والجسد». ص 36.

38 – عبد الله راجع، الجنون المعقلن، مجلة «الثقافة الجديدة» – مطبعة الأندلس، الدار البيضاء – العدد 19، السنة الخامسة 1981، ص 56.

39 – عبد الله راجع، الجنون المعقلن، مجلة «الثقافة الجديدة»، مرجع سبق ذكره، ص 56.

40 – سيُصدر الشاعر محمد بنيس فيما بعد ديوانه الشعري الذي يحمل عنوان «هِبَة الفراغ» عن دار توبقال للنشر سنة 1992.

41 – عبد الله راجع، الجنون المعقلن، مجلة «الثقافة الجديدة»، مرجع سبق ذكره، ص 57.

42 – المرجع نفسه، ص 57.

43 – عبد الله راجع، الجنون المعقلن، مجلة «الثقافة الجديدة»، مرجع سبق ذكره، ص 57.

44 – المرجع نفسه، ص 57.

45 – عبد الله راجع. الجنون المعقلن، مرجع سبق ذكره، ص 57.

46 – محمد الزموري، الشعر والجسد: تجليات تجربة شعرية جديدة، جماعة من الباحثين، مرجع سبق ذكره، ص 35 – 36.

الفصل الثالث:

التوجهات الشكلية
المُؤسَّسة للقصيدة الكاليغرافية
المغربية المعاصرة

1 – التجسـيد البصري للقصيدة وإشكاليات التصنيف والقراءة:

يَنْكَبُّ هذا الفصل أو الجزء، بشكل أساس، على عرض وتحليل ما تم وصفه أو نعتُه في البحوث والدراسات النقدية والأكاديمية المغربية وغيرها بـ«التجربة الشعرية الكاليغرافية المغربية». هي التجربة التي تبنتها، في النصف الثاني من سبعينيات القرن العشرين، جماعة أو مجموعة من الأصوات الشعرية في المغرب[1]، واحتضنتْ إنجازاتها النصية مجلة «الثقافة الجديدة» المغربية، ثم صفحات الملاحق الثقافية لبعض الصحف المغربية مثل جريدة «المحرر»، وجريدة «الاتحاد الاشتراكي»، وجريدة «أنوال».

وقد تم نعتُ هذه التجربة الشعرية البصرية المغربية كذلك ببعض التسميات أو التوصيفات التي تضعها أيضاً ضمن ما عُرِفَ في المنجز الشعري الغربي وغيره، بتجارب «الشعر المجسم La poésie concrète». إذ نجد – على سبيل المثال باحثاً مغربياً آخر (جميل حمداوي) ينعتها بالقصيدة «الكونكريتية» (المُجسَّدة)، نسبة إلى ملمحها أو شكلها التجسيمي والتجسيدي، الذي جعل بعض هذه

القصائد يأتي في شكل جسم أو صورة أو أيقونة لشيء معين (شجرة، ورقة من غصن شجرة، كف، قَدَم، لافتة إشهارية أو حتى علامة مرور)، مفضلاً في ذلك الاكتفاء بتعريب تسمية «concrète» الفرنسية إلى «كونكريتية»، وعدم المجازفة بتبني خيار الترجمة الذي يحيل مباشرة على تسمية أخرى مألوفة ومتداولة: «القصيدة المُجسَّمة». هي القصيدة التي لم تظهر بالمغرب في شكلها الكاليغرافي والمجسم – حسب تعبير جميل حمداوي – إلا «بعد منتصف السبعينيات من القرن العشرين»[2].

(أعلاه: أيقون مركب: «يد بشرية» و«علامة مرور» لأحمد بلبداوي)[3]

وكان النتاج الشعري المغربي المُنجَز في إطار هذه التجربة الفضائية قد «قُدِّم أيضاً في صورة دواوين ومجموعات شعرية:

أ – أحمد بلبداوي في: «سبحانك يا بلدي» و«حدثنا مسلوخ الفقر وردي».

ب – محمد بنيس في: «في اتجاه صوتك العمودي» و«مواسم الشرق».

ج – عبد الله راجع في: «سلاماً وليشربوا البحار».

د – بنسالم حميش في: «كُنّاش إيش تقول»[4].

وهكذا يمكن تناول هذه المجموعات الشعرية ضمن توجهين متمايزين:

توجه أول: تمثله نصوص محمد بنيس وعبد الله راجع. ويمكن نعته بـ«راتجاه الكتابة المضاعفة»، لأن الشاعرين – على خلاف ما جاء في نصوصهما النظرية – كانا يقدمان النصوص عبر وسيط يمثله الخطاط «عبد الوهاب البوري». هذا التوسط يجعل النصوص الشعرية المذكورة مفتقدة لأحد أهم الشروط أو القوانين التي سطرتها البيانات النظرية، والمتمثلة في حضور الشاعر المادي من خلال آثار الجسد التي تمثلها الكتابة.

أما التوجه الثاني والذي يمثله «أحمد بلبداوي» – على العكس من سابقه – فيلتزم بالإنجاز الفعلي لتشغيل النص فضائياً، بحضور خط الشاعر نفسه. الأمر الذي يؤشر على امتلاك الشاعر لناصية التخطيط

امتلاكاً عملياً، يجد ترجمته في اعتماد أنواع متمايزة من الخطوط، وعلى الخصوص: النسخي والمغربي الأندلسي، مع تنويع مستمر داخل نفس الخط»[5].

وفي موقع وسط بين الاتجاهين ـ يضيف محمد الماكري ـ «يمكن إدراج «بنسالم حميش»، هذا الأخير الذي لا يَغيب كلياً كأثر في نصوصه، ولا يَحضُر كلياً في المقابل. وقد قدم عملاً وحيداً في هذه التجربة هو ديوانه الشعري «كُنّاش إيش تقول»، ضمن إنجاز مشترك بينه وبين شخصين آخرين. إذ يجمع ديوانه في جانب تخطيطه بين المؤلف و«المعيزي» وبين صاحب الرسوم «مصطفى عياد». هذا بالإضافة إلى تميزه بتوظيف عنصر اللون في الإنجاز. بحيث يخرج عن دائرة السواد والبياض إلى البرتقالي والبياض أو البنفسجي والبياض»[6].

والجدير بالذكر أن هذه التجارب الخطية المغربية في مجملها، قد قُوبِلتْ منذ بدايتها، وتحديداً منذ نشر البيانات الشعرية والنظرية الأولى الممهدة لها (بيان بنيس وراجع تحديداً) بالكثير من الرفض والممانعة، من لدن العديد من الباحثين والكتاب والشعراء أنفسهم، ممن كتبوا أيضاً حول هذه التجربة، سواء داخل المغرب أو خارجه، ضمن ثنائية: السلب أو الإيجاب، القبول أو الإدانة.

وبالرغم مما قد نسجله في الغالب ـ ضمن بعض هذه القراءات السابقة للتجربة الشعرية الكاليغرافية المغربية المعاصرة ـ من رؤى تحليلية متماسكة، وجوانب أو مناطق قوة في التأويل، على مستوى المنحى التطبيقي تحديداً (خصوصاً دراسة محمد الماكري

لهذه التجربة من خلال كتابه «الشكل والخطاب: مدخل لتحليل ظاهراتي»، المشار إليه في أكثر من موقع في هذا البحث)، إلا أن هناك قراءات أخرى جاءت تحمل في طياتها «موقفاً نقدياً» شخصياً من هذه التجربة، وحتى دون إخضاعها لسياقات الدراسة أو التطبيق والتحليل المنهجيين. هي القراءات التي بدتْ محكومة أيضاً ـ في الغالب ـ بمواقف إيديولوجية[7]، قد تتموقع قَسْراً، أو حتى لأسباب قد تكون خارجة عن الموقف النقدي، ضمن ثنائية السلب أو الإيجاب لا غير، أو ضمن «أحكام القيمة» أو «الالتزام» التي فرضتها قناعات المناهج التي ظلت تعتنقها هاته القراءات.

هكذا تضعنا مسألة القراءات هاته بدورنا أمام نفس الصعوبات والاختيارات المنهجية، ولن يكون من المفيد في شيء كذلك إعادة إخضاع نفس التجربة الخطية لنفس الأداة المنهجية والتحليلية التي استعملها الماكري (التحليل الظاهراتي)[8]. إذ يصعب أيضاً تجاوز ما قام به «الماكري» في هذا الإطار، وتجنب إكراهات المنهج نفسه في نفس الوقت، أو حتى بعض أشكال «حيفه» في تحليل ومقاربة هذه التجربة الخطية في المنجز الشعري البصري المغربي.

وذلك يدفعنا أيضاً ـ على حد قول «عبد الله راجع» في الجزء الأول من كتابه «القصيدة المغربية المعاصرة: بنية الشهادة والاستشهاد» ـ إلى «الإيمان بضرورة الاعتراف بأن أي تحليل للبناء المعماري في النص الشعري إن هو إلا مقاربة، وقراءة واحدة من ضمن قراءات أخرى محتملة»[9]. وخصوصاً حين يكون هذا البناء المعماري ـ هنا ـ بصرياً ومتحول الدلالات، مما يزيد من

صعوبة التحليل، ويَحُول دون الوصول إلى يقين منهجي يستخلص، على الأقل، بعض مستويات التعبير والجمال في هذا البناء: وتلك غاية كل بحث ومطمحه.

لذلك ارتأينا أن تكون مقاربتنا أو قراءتنا ـ في هذا البحث ـ لبعض نماذج التجربة الشعرية الكاليغرافية المغربية، مقاربة جمالية ـ تشكيلية عاشقة. وهي قراءة بمقتضيات البصر، تراعي الهيئة الطباعية للنصوص المنجزة بخط مطب (بعض نماذج «حميش» في ديوانه «ثورة الشتاء والصيف»)، ثم الأشكال الخطية أو الكاليغرافية بالنسبة للنصوص الشعرية المنسوخة باليد: (نصوص «بنيس»، «راجع» و«بلبداوي» ضمن نفس التجربة).

هي المقاربة أو القراءة التي يمكن أن تأتي ببعض ونفس مواصفات ومقتضيات ما يقترحه الشاعر «محمد السرغيني» ـ ضمن إحدى مقالاته المنشورة ـ بخصوص القراءة العاشقة للنص الشعري النثري المغربي. بحيث «يجب، حسب رأي السرغيني، أن تشتمل من بين ما تشتمل عليه: قراءة بصرية، وأخرى حدسية، وثالثة تخييلية، ورابعة قُدَّاسية، وهي قراءة القراءات»[10].

وإن كنا ـ هنا ـ سنحاول الاشتغال أساساً من داخل صنفين فقط من أصناف القراءة التي يطرحها «السرغيني» في مقالته المذكورة. وهُمَا تحديداً: «القراءة البصرية» و«القراءة القُدَّاسية»، فذلك لأن القراءة الأولى (البصرية) تتوخى «قراءة البصر»، وهي «قراءة تشكيلية»، فيما القراءة الثانية (القُدَّاسية) تتوخى «قراءة العناوين العامة والأساسية» التي تم وضع القصائد الخطية تحتها، بالنسبة

لكل من الشعراء: «بنيس» و«راجع» و«بلبداوي» و«حميش»، وذلك ضمن علاقة هذه العناوين العامة بأشكال هذه القصائد وببعض دلالاتها[11].

إن غايتنا، هنا، هي إضاءة وتحليل ما تم تحقيقه جمالياً وبصرياً ــ على الأقل ــ في هذا المنجز الشعري البصري المغربي والقيام بمساءلته، ثم محاولة تقريبه من العين ومن الفكر. قراءة بتوجُّه جمالي بالأساس، تحاول أن تلتزم أو تستوعب ــ بالأحرى ــ ما تفرضه خصوصية هذا البحث وتعدد مداخله، من تحليل ومن تركيب منهجي.

سوف نحاول ــ هنا أيضاً ــ تناول بعض المقترحات النصية البصرية في التجربة الشعرية الكاليغرافية المعاصرة في المغرب لبنيس، وحميش، وبلبداوي، وراجع، ضمن مقاربة مركزة ومركبة، تأخذ بعين الاعتبار ما هو خاص ومتفرد بالنسبة لكل تجربة، وما هو مشترك أيضاً بينها ــ على مستوى الصياغة والتعبير ــ في نفس الوقت (بِغَضّ النظر عمّنْ كان له «السبق» في التأسيس لهذه التجربة؟)، وذلك ضمن رؤية أو غاية تبحث عن مقومات الجمال في هذه النصوص الشعرية البصرية، من خلال استحضار أو تشغيل مَرِن لبعض مفاهيم وتطبيقات الإستطيقا ومقتضياتها المنهجية[12].

على أساس أن نُفْرِدَ لاحقاً، وعبر المباحث المتبقية من هذا الفصل، مساحات أخرى لرصد أوجه وجوانب وأشكال اختلاف وتقاطعات هذه التجارب أيضاً. وذلك ضمن قراءة تستوعب وتدمج ــ عند الضرورة ــ ما كتبه باحثون ونقاد ومبدعون آخرون حول هذه التجارب نفسها كذلك.

2 – محمد بنيس وعبد الله راجع: تجربتان إبداعيتان بين حدود التنظير والتَحَقّق النصي:

لا بدّ من الإشارة، هنا، إلى أن تناولنا لتجربتَيْ: محمد بنيس وعبد الله راجع الخطيتين معاً، وبشكل مركب ومشترك، قد أمْلَته بعض الضرورات المنهجية، وكذلك الكثير من الخصوصيات التعبيرية والجمالية المشتركة بين تجربتيْ هذين الشاعرين في هذا الإطار، سواء على مستوى قيامهما (كُلّ من جانبه) بالتمهيد لتجاربهما الخطية في المنجز البصري المعاصر للشعر المغربي بإصدار بيانات تنظيرية للكتابة، كنوع من القراءات القَبْلية، والممهدة لفهم وتلقي هذه التجارب من جهة، أو على مستوى كونهما يشتركان معاً في استعمال نفس الأدوات، ونفس الصيغ التدوينية – تقريباً – لإنجاز مقترحيهما الشعريين البصريين بهذا الخصوص كذلك. وأهمها: اشتراكهما أو تقاطعهما الملحوظ في استنجادهما بالخطاط كوسيط، ثم بالخط المغربي كأداة، أو كذاكرة مستعادة لتجسيد التجربتين في المتحقق النصي.

مُشيرين كذلك، إلى أننا سنركز أكثر، أو سنمنح فسحة أكبر – فيما يخص تحليلنا وتناولنا للتجارب الخطية المغربية المعاصرة – للمقترحيْن الخطيين لمحمد بنيس، وبنسالم حميش، وذلك، ليس لكون التجارب الخطية الأخرى لراجع وبلبداوي، تطرح نفسها ضمن أفق استحالة قرائية ما، أو تستعصي على القبض والتناول والتحليل، بل لكوننا استطعنا الحصول فقط على المتون الكاملة للمجموعتين

الشعريتين الخطيتين: «في اتجاه صوتك العمودي» لمحمد بنيس، و«ثورة الشتاء والصيف» لبنسالم حميش. فيما لم تتوفر لدينا إمكانية الحصول على المتون الكاملة للمجاميع الشعرية الخطية الأخرى لعبد الله راجع، وأحمد بلبداوي. باستثناء نصوص شعرية خطية متفرقة لهذين الشاعرين الأخيرين، حصلنا عليها من هذا المصدر أو ذاك. مما يجعل مهمة الاشتغال على نصوص مجموعة شعرية متكاملة، أسهل وأنجع من الاشتغال على غيرها من شتات النصوص.

ولو أننا لم نقتصر ـ في اشتغالنا هنا فقط ـ بالنسبة لتجربة الشاعر محمد بنيس، على مجموعته الشعرية «في اتجاه صوتك العمودي»، باعتبارها المجموعة المتوفرة لدينا على الأقل، بل أضفنا إلى ذلك بعض النماذج الخطية من تجربته الكاليغرافية الأخرى في: «هكذا كلمني الشرق موسم الحضرة»[13]، هي التجربة التي استطعنا كذلك الحصول على نماذج منها، من مصدرين مختلفين[14].

نستأنس في البداية ـ ضمن تناولنا الممكن للتجربة الشعرية الخطية لمحمد بنيس ـ بهذا التوصيف العاشق أيضاً لتجربته. هو التوصيف الذي صاغته بالكثير من الولَه والاقتراب والإنصات لوجه القصيدة وجسدها المُشَكَّل بحروف الخط المغربي، عين ناقدة تنتمي إلى جغرافية نقدية وإبداعية أخرى، ليست لها ـ إن صح القول ـ صلة حميمة أو قرابة جمالية مباشرة مع دم هذا الخط ورمزيته. إنها الدكتورة «يُمنى العيد» التي استطاعت عينها وأعماقها ـ فيما نعتقد ـ اقتناص الجميل والمغاير والغامض أيضاً في نصوص بنيس ونبضها الداخلي.

تكتب الناقدة «يُمنى العيد»، واصفة نصوص المجموعة الشعرية «في اتجاه صوتك العمودي» لمحمد بنيس قائلة: «هي مجموعة قِطَع، رسوم ولوحات قوامها الكتابة بخطوط الزخرفة العربية، تتحصن في أشكال هندسية مختلفة، نراها على مدى مئة وتسع عشرة صفحة. يستدير بها الشكل، يستطيل، يعلو، ينحدر كنزيف، يتراص في رقعة من بياض الورق، يتراجع، ويتكوم في زاوية صغيرة، ويدَع الباقي أفقاً أو هامشاً واسعاً لقراءة في الصمت، في وهم الفراغ. تتقدم الكتابة في هيئة جميلة على تنوع كأنها تعويذات أو تمائم من السحر تتمنع عليك إذ تغريك بها، وتنالك في أعماق الذاكرة إذ تهم بإهمالها»[15].

تلخص أو – بالأحرى – ترسم هذه العتبة الواصفة – العاشقة، من دون شك، الملامح أو المداخل الأساسية لتجربة محمد بنيس في هذا الديوان. وهي من خلال ذلك لا تخفي إعجابها الغامض والمبهم أيضاً بأشكال التدوين الجمالي لهذه التجربة. إذ لا يبتعد القاموس الوصفي ليُمنى العيد كثيراً عمّا حاول بنيس (وربما «راجع» نفسه) تمريره أو تضمينه من «أسرار» ورسائل في الأشكال المغايرة والملغزة لقصائدهما الخطية التي ترسم المعنى، تهبه الحياة وتخنقه في نفس الوقت، تحصره في ترتيبات هندسية صارمة أحياناً (دوائر، مثلثات، مستطيلات... وأشكال أخرى) أو حتى في اللاشكل، داخل طوق المتاهة، ورحابة الفراغ، وعنف الخلاء، وتقذف – بالتالي – بالدلالة والشكل في كل اتجاه.

(أعلاه: قصيدة خطية لمحمد بنيس:
تُشَكّل أسْطُرُها كتلة نصية مستطيلة خالية من علامات الترقيم)[16]

(أعلاه: قصيدة خطية حلقية لمحمد بنيس
على شكل دوائر خالية من علامات الترقيم)[17]

(أعلاه: قصيدة خطية لعبد الله راجع على شكل دائرة تتوسط مربعاً:
يشكل البياض / الفراغ جسمها، فيما يعين السواد / الأسطر حوافَها)[18]

وبالرغم من أن عنوان المجموعة (في اتجاه صوتك العمودي)
ينتصب كعتبة أو كعلامة دالة ومؤشرة لاتجاه واحد (العمودي)، إلا
أن شكل القصائد التي تشبه ــ في أغلبها ــ طُروس الفقهاء، والتعاويذ
أو الرقى المكتوبة للسحرة، ومخطوطات الأعداد والأشكال لممتهني
علوم الجفر والفلك، تخالف هذا الاتجاه الواحد وتصر على معاكسته.
إذ تقذف يد الخطاط ــ الوسيط «عبد الوهاب البوري»[19] بالأثر
المادي لصوت بنيس وبجسده في كل الاتجاهات.

إن وساطة الخط هنا ــ بما في ذلك يد الخطاط وقدراته الفنية ــ قد
تكون شبيهة بروح «وسيط الوحي L'oracle» في العديد من الثقافات
والممارسات الطقسية القديمة، أو حتى التي ما زالت فاعلة وحية

إلى الآن في قلب بعض ثقافات المجتمعات أو المجموعات البشرية غير الكتابية، بحيث ظلت هذه الوساطة دائماً بمثابة الأداة المثلى لاستحضار أرواح الأسلاف وآثارهم، ومن ثَمّ تحقيق مهمة الاتصال كذلك بذاكرتهم السحيقة، واستعادة آثارهم في آخر المطاف.

نفس الوساطة تشير إليها ــ أو تطرحها هنا، وتحققها بشكل آخر عبر وسيط مختلف ــ تجربة الرسام الإسباني «بابلو بيكاسو»، في بحثه الدائم ــ عبر تجربته التشكيلية الغنية ــ عن وسائط ومصادر «جديدة للخبرة الجمالية». إذ يعترف «بيكاسو» وهو يتحدث لـ «فرانسوا جيلوت» بمدى تأثره (وهذه واقعة معروفة في المسار الفني لهذا الرسام) واستجابته للفن الزنجي ولأقنعته. وكيف «أثر هذا الفن على رؤيته، وكيف غير له المنهج المتعارف عليه في الجمال». وذلك «كان مثلاً قوياً لهذا الفنان القدير في هذه القضية الشائكة التي يصطدم فيها الفن بمعنى الجمال».

يقول «بابلو بيكاسو» بهذا الصدد: «إن البشر الذين صنعوا هذه الأقنعة وغيرها من النماذج، صنعوها لهدف مقدس، هدف سحري، كنوع من الوسيط بينهم وبين القوى العدوانية الخفية التي تحيط بهم. وذلك ليستطيعوا التغلب على الخوف والفزع بإعطائها شكلاً وتصوراً. في تلك اللحظة، أدركتُ من خلال ما يفعله هؤلاء الزنوج، أن هذه هي مهمة التصوير ورسالته. إن التصوير ليس عملية جمالية. إنه شكل من أشكال السحر، مصمم كوسيط بيننا وبين هذا العالم العدواني الغريب. هو طريق لامتصاص القوة بإعطاء شكل لمخاوفنا وحاجاتنا. وحينما وصلتُ إلى هذه الحقيقة، أدركتُ أني وجدتُ طريقي»[20].

من هنا أيضاً، يبدو هذا التواطؤ الحاصل بين الشاعر ويد الخطاط أو روحه – في هذه التجارب الشعرية الخطية المغربية – وكأنه فعل سحري وطقسي، قوامه الرهبة ونوع من «القداسة» التي تخلقها مثل هذه الأشكال في نفسية المتلقي. ليس فقط لكون هذه الأشكال الكتابية، تحمل في هيئتها الظاهرة، ومن خلال هيئة الحروف التي دونت بها (الخط المغربي) إحالة على مقدس لفظي وبصري آخر – في شكله وتدوينه الخطيين (النص القرآني) – بل لكون مثل هذه الأشكال في تدويناتها المستعادة من عتمات المكبوت والمنسي، تعمل على نقل الأثر المطلوب وترسيخه في عين القارئ وروحه وجسده في آخر المطاف.

وتلك كانت – في نظرنا – واحدة من المهام أو الرهانات البلاغية للخطاب البصري في التجربتين الخطيتين لمحمد بنيس وعبد الله راجع، وغيرهما من الشعراء الذين سلكوا نفس المسار.

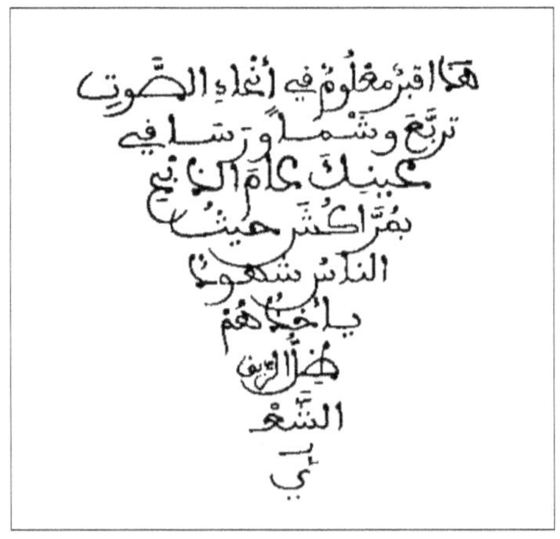

(أعلاه: قصيدة خطية لمحمد بنيس على شكل مثلث: رأسه مقلوب إلى الأسفل، وتَبْني الأسطر الشعرية جسمه)[21]

إذ طالما ظل خلق الأثر أو نقله إلى روح الآخر – لدى السحرة وغيرهم من الروحانيين – مرتبطاً ببلاغة اللفظ والشكل في حضورهما المادي والبصري. ومن ثم، تكون هذه التجارب الطقسية والبصرية نفسها (تجربة بنيس وراجع) وغيرها أيضاً من التجارب الأخرى، قد عَمِلَتْ – في المقام الأول – على خلق الأثر المطلوب بواسطة الأشكال دون المعاني. ولو أن المعاني نفسها حاضرة بقوة وبشراسة أيضاً في هذه التدوينات، حتى في أقصى أشكال وصيغ تشتتها وضياعها داخل سطوة الشكل.

(أعلاه: قصيدة خطية لمحمد بنيس عمودية الشكل والاتجاه)⁽²²⁾

إن التجربة الخطية الشكلية والبصرية لبنيس وراجع على وجه التحديد، هي تجربة جمالية وحدسية بالأساس. تتجاوز في غاياتها ومقاصدها الجمالية البعيدة كذلك مسألة «إيديولوجية» المعنى، وبعض «منافع المنطق» أو حتى «غرض» الدلالة. إنها تراهن ــ في نظرنا ــ على ترسيخ انتسابها المزدوج إلى حقل الجمال أو الإستطيقا، وإلى حقل الأدب كذلك: تجربة تنتمي، أيضاً ربما، للفن ولأحد أشكال التصوير (الفن التشكيلي)، بقدر انتمائها للأدب ولجنس من أجناس كتابته. تجربة تبدو في أفق العين وتدليلها «المنطقي» والاستدلالي مشابهة أو خاضعة لمقتضيات ما حددته وأسستْ له مفاهيم الفيلسوف والمفكر «إيمانويل كانط» في فلسفته الجمالية. إذ تأخذ بعين الاعتبار التجربة الإستطيقية نفسها ضمن مسارات وآفاق جديدة. إذ لم يضع «كانط» ــ ضمن تصوره للتجربة الجمالية أو الإستطيقية بصفة عامة ــ «محمولات تكبل هذه التجربة بالمنطقي والاستدلالي، كما أنه لم يتطرف في الجانب الوجداني وعوالمه الخيالية والحدسية. حيث تجمع التجربة الإستطيقية لديه بين هذين الاتجاهين المنطقي والحدسي معاً»[23].

ولو أنه قد يوجد أيضاً قُبالة هذا الطرح الذي جازفْنا بتبنيه ما يُفنّده ويعاكسه، من حيث إن الشعر، كغيره من الفنون الأخرى، لم يعد بالضرورة فناً قولياً، أو من «فنون القول» كما هو مشاع. إذ راهن الشعر كذلك ــ ضمن مسعاه التوصيلي، ومنذ دخوله بلاغة الجمالي والبصري، وتغير أشكال التلقي، وقوانين نقل الأثر إلى المتلقي الذي لم يعد فقط مستمعاً بل قارئاً ــ على قوانين وقنوات

ووسائط أخرى غيرتْ كثيراً من فعل التأثير على المتلقي، واتجهتْ صوب عينه وحواسه كلها بشكل أساس.

مِنْ ثَم، تكون القراءة والتلقي معاً مدعوَيْن إلى إعادة النظر في العديد من المقولات المسكوكة والمسلمات. ومن ثَمَّ، نعيد مشاكسة أو مساءلة نفس القناعات القديمة بالسؤال التالي: هل ما زال من الممكن أيضاً القول بأن «الأذن تعشق قبل العين أحيانا»؟

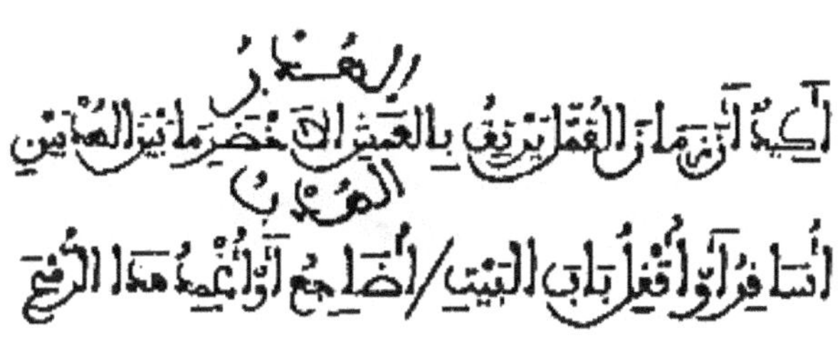

(أعلاه: قصيدة خطية لعبد الله راجع،
على شكل أيقونة عين تحدد الأسطر الشعرية حوافَها)[24]

أصبح للأشكال إذاً ــ ومن ضِمنها هيئة الكلمة والحرف ومساحات الفراغ والبياض والسواد ــ قيمة مادية ودلالية تعطي للقصيدة قوة ولغة بصرية إضافيتين. ولم يعد تأثير القصيدة في المتلقي يتم فقط عن طريق اللفظ والأذن. بل عن طريق الصورة والهيئة والشكل والعين. أصبح الشعراء ــ بهذا المعنى ــ رسامين وسحرة وفلكيّين، يسعون إلى أسْر القارئ والتأثير عليه من دون رافعة الإيقاع والوزن والملفوظ والمنطوق والمعنى كذلك.

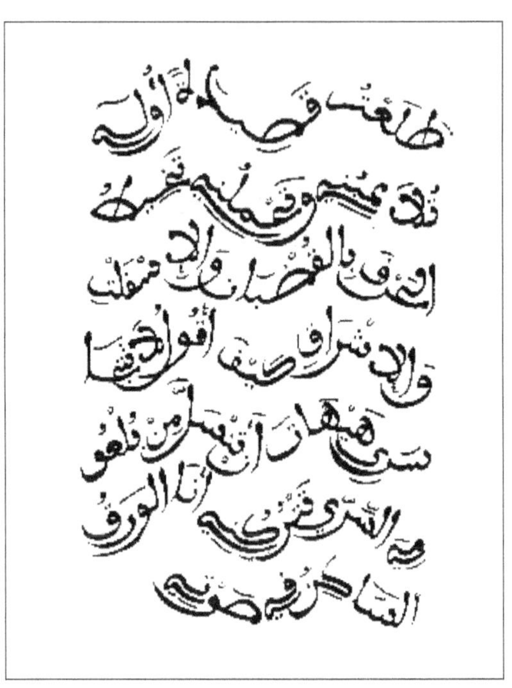

(أعلاه: قصيدة خطية لمحمد بنيس: مُتَمَوَّجة الحركة والأسطر ومتداخلة الشكل)[25]

هكذا تكون الحركة بمثابة فعل أساس أيضاً في التجربة الخطية لمحمد بنيس. إذ تجزم منذ البداية وأنت تقرأ أو تنظر – بالأحرى – إلى قصائد بنيس الخطية، بأن هذه القصائد قد تم تخطيطها بدم الحبر أو بمائه المُخصّب (بكسر الصاد وتضعيفه) لشهوة العين، وأنها قصائد أنجِزتْ أساساً بسِجلّ registre النظر وبسطوته. قصائد مائية، رخوة ومتصلبة في نفس الوقت، متموجة الشكل والمعنى. تقرأها العين بشعور غامض ورهيب أحياناً. إنه شعور بالانحدار «نحو ماض سحيق، نحو زمن نقف فيه خارج النص ونقرأ خارج القراءة، نحو زمن تصبح فيه اللغة خطوطاً، والكتابة لوحة، والجَمال

94

معادلاً للحكمة... ونحن في هذا الزمن ذاكرة بكْر وطفولة يستحيل عليها الوصول إلى الحكمة واختراق الكتابة – السر: نهرع إلى الآباء والأجداد، نستعين بهم ليقرأوا لنا من ذاكرة الحفظ والتراكم، فستمر بالتكرار ويتراجع جهد المحاولة في خلق الذات الجديدة»[26].

من هنا، تهاجر القصيدة في تجربتَيْ محمد بنيس وعبد الله راجع الخطيتين خارج شكلهما وداخله في نفس الوقت. تحاول أيضاً تطويع المعنى – أو بالأحرى سجنه – في هيئتها المتبدلة باستمرار. وتغادر «لغة القصيدة حَرفها الواضح وشكلها الصريح لتجد في متاهات الزخرفة الخطية، وفي ظلالها الصامتة، هدوء اللقاء مع التمرد. وإذ تعيق الزخرفة حوارنا مع هذا التمرد فهي تدينها أيضاً. تُدخِلنا الرموز في فعل الإدانة ويبقى الشعر محتفظاً بالتباس السر فيه. وإذ نحاول الكشف، لا يمكننا إلا أن نراه ذاهباً في اتجاهين:

– في اتجاه الماضي: يرفضه ويقدم منه وجهاً لا يخلو من جمال.

– في اتجاه الحاضر: يعانقه ويلتحم به ويعيق مقاربتنا له»[27].

ضمن هذا الأفق التعبيري الخاص، والذي يمثله «اتجاه أول»، من الشعراء المؤسِّسين للتجربة الكاليغرافية المغربية المعاصرة، باختيارهم للخط المغربي كوسيلة أساسية لتدوين قصائدهم، حيث كان اختيارهم مشيراً – بالأساس – إلى أدوات وعناصر وأشكال خطية، تنتمي بالضرورة إلى هوية بصرية مغربية، يُشكل الخط المغربي أحد عناصرها الجمالية والتعبيرية الأساسية، وذلك من خلال الأشكال التدوينية البصرية التالية:

(أعلاه: قصيدة خطية لمحمد بنيس على شكل مثلثين مُركّبين ضمن انزياح عُلْوي وسُفلي، يستجيب تشكيله البصري لمقتضيات الفضاء الصوري)[28]

أ — «اعتمد الشعراء المغاربة — في الاتجاه الأول (بنيس وراجع) — يقول محمد الماكري — شكلاً خطياً واحداً: هو الخط المغربي. وهذا الاختيار يُعتبر في حد ذاته دالاً على مستويين:

1 — كاختيار جمالي من لدن منتج الخطاب ومنجزه.

2 — كإحالة بالنسبة للمتلقي الذي يختزن في ذاكرته معرفة قَبْلية بهذا الخط كشكل.

ومن هذا المنظور، يكون الشكل الخطي الذي يَعرِضه الفضاء

النصي لهؤلاء الشعراء مُحيلاً بالمشابهة على نموذج مماثل. وفي حالة الخط المغربي – يضيف الماكري – نكون أمام انزياح عمّا أَلِفه المتلقي الذي تَعَوّد على قراءة النصوص المطبوعة من جهة، والذي ترتبط علاقته بهذا الشكل الخطي بنماذج ثقافية ونصية محددة (النص القرآني – المخطوطات القديمة – الخُطاطات السحرية والتعاويذ – الصكوك العدلية والقضائية).

ب – تكسير مسار السطر المكتوب: هذا التكسير يتم بصيغ متعددة، مما ينتج عنه تغيير لمسار حركة العين على المسند. ومن بين الصيغ التي يمكن رصدها من خلال النصوص نذكُر:

– الاتجاه من الأعلى إلى الأسفل.

– الاتجاه العمودي من الأسفل إلى الأعلى.

– اتجاه المنحنى من الأعلى إلى الأسفل.

– اتجاه المنحنى من الأسفل إلى الأعلى.

– السطر المتموج.

ج – سُمْك وحجم الأحرف والأسطر (النّبر البصري)، حيث يمكن اعتبار هذا المظهر منبهاً أسلوبياً أو نبراً خطياً بصرياً يتم عبره التأكيد على مقطع أو سطر أو وحدة معجمية أو خطية.

هكذا يمكن الحديث عن نبر بصري قد يكون بالصيغ التالية:

– نبراً مقطعياً.

– نبراً للجملة.

– نبراً للكلمة أو الوحدة المعجمية.

– نبراً بصرياً لوحدة خطية»⁣ (29).

(أعلاه: نموذج لقصيدة خطية لمحمد بنيس تركز على
النبر البصري للكلمة بواسطة السُّمْك والحجم والموقع) (30)

تُطرح، هنا، قضية جمالية ودلالية أخرى على قدر كبير من
الأهمية، ينبغي إضاءتها أيضاً، فيما يخص اتكاء هذه التجارب
الخطية المغربية على «قَداسة» الخط المغربي، ضمن «لغتها
البصرية» أو «صورتها البصرية» إن صح التعبير. إذ يمكن التساؤل
– من هنا – حول ما إن كان ثمة فرق فعلاً بين هذين الملمحين أو

المعطيين البصريين لهذه التجارب في آخر المطاف؟ ثُمّ ما مصدر هذه «القداسة» التي طالما التصقتْ في القراءة والنظر كذلك بالعنصر أو بالمكون الخطي (الخط المغربي) الذي ظل يحيل – في شكله وذاكرته – على المقدس الديني أو على أداة خطية، تَمّ بها تدوين النص القرآني، غير ما مرة، في العديد من المصاحف في المغرب، وفي بلاد الأندلس تحديداً؟

إن بعض الجواب يكمن، حتماً، – فيما يخص السؤال الأول – في كون التجربة الإبداعية الخطية – الحروفية أو الكاليغرافية العربية عموماً، سواء في الشعر أو في غير الشعر، لم تتبلور إنجازاتها البصرية – في الحقيقة – كفَنّ قائم الذات، سوى بعد ظهور تجربة الحروفيين العرب، وخصوصاً جماعة «البعد الواحد» في العراق[31] . حيث لم تكن الجمالية العربية، والقصيدة العربية أيضاً معنيتين – بالضرورة أول الأمر – بهذا المقترح الجمالي الخطي، الذي ظل مرتكزاً في أغلبه على إنجاز أعمال ولوحات فنية، ذات بُعْد تجريدي، يكون الحرف العربي عنصرها الزخرفي الأساسي، لما يتيحه ويمتلكه هذا الحرف من مِطْواعية، وخصائص تشكيلية، ومرونة في استعماله وترسيمه على الحامل والسند في نفس الوقت.

هي الأعمال الفنية التي جاءت بصيغة خطية وكتابية بالغة الجمالية والتناسق والتجريد، وجد فيها الكثير من الفنانين العرب ضالتهم، أو – بالأحرى – فرصتهم المثلى لتفجير طاقاتهم الإبداعية، والهروب من العديد من أشكال التحريم التي فرضها التصور الإسلامي للفن، على مستوى مَنْع التشخيص داخل التصوير والفن عموماً.

مِنْ ثَمّ، سيتم اللجوء إلى التجريد واستغلال الطاقات التشكيلية الهائلة للحرف العربي (بجميع خطوطه وصيغه الترسيمية والتشكيلية) من طرف العديد من الشعراء والخطاطين العرب، لتمرير هذه الإبداعية الشكلية إلى الشعر. إذ تحولتْ ــ ضمن هذا الأفق ــ العديد من الإنجازات الشعرية الخطية العربية كذلك (ومن ضمنها التجربة المغربية بطبيعة الحال) من «اللغة البصرية» للقصيدة إلى «صورتها البصرية» على الأصح.

ومن هنا أيضاً، تراهن التجربة الخطية أو الكاليغرافية لمحمد بنيس إجمالاً ــ شكلياً وفضائياً في تشكيل بلاغة المكان ودلالته ــ على مكونات وعناصر تدليلية عدة ومختلفة: أساسها المكون الخطي: (الخط المغربي)، والمكون الأيقوني («علامة مرور» على سبيل المثال)، والشكل الهندسي المتنوع والمتعدد في مرونته وصرامته أحياناً: (مربع ــ مستطيل ــ دائرة ــ مثلث)، ثم الاتجاه: (عمنودي ــ رأسي ــ أفقي ــ مائل)، والحركة: (هابطة ــ صاعدة ــ دائرية ــ مستقيمة ــ مائلة ــ متموجة ــ منطلقة من المركز إلى المحيط، ومن المحيط إلى المركز)، ثم على الخاصيات الجمالية والتعبيرية لتناوب «المتن» و«الحاشية» ــ في النص ــ على تشكيل السواد والبياض، الفراغ والامتلاء، وكذلك على الخاصية الجمالية للنبر البصري في القصيدة. هي التقنية البصرية التي تعتمد على التضخيم الخطي البارز لشكل الوحدة الخطية أو الحرف، أو الكلمة بشكل أساس.

مما يجعلها تجربة خطية وكتابية شاملة، ومتنوعة في غاياتها الجمالية والتعبيرية، ومستجيبة، عموماً، للعديد من توصيفات

وخصائص حقل الإستطيقا من قبيل: (الروعة، والتناسق، والتناغم، والتقابل... وغيرها من المفاهيم الجمالية الأخرى)، ثم ممتثلة كذلك لغاية «اعتبار الكتابة فعلاً مستقلاً بذاته»، ولتصور ربْط الكتابة والقصيدة بالجسد كمنطلق للكتابة، في أقصى تجلياته ودلالاته الممكنة. هو التصور الذي ظل يشْغَل «بنيس» ـ شكلاً وموضوعاً ـ أيضاً في جميع تجاربه النصية، حيث بدايتها الحقيقية كانت مع تجربته الكاليغرافية هاته.

حيث «ارتبطتْ القصيدة في تجربة محمد بنيس بالموضوعين التاليين: الكتابة كفعل مستقل بذاته، والجسد كمصدر للكتابة. والعلاقة بينهما وجودية، إذ ننتقل من جسد النص إلى نص الجسد. تظهر حركة الجسد أولاً في موضوعة السّفَر. كل قصيدة تنطوي صراحة أو ضمناً على سَفَر رمزي في الزمان أو المكان»[32].

حيث لا ينحصر ـ هنا ـ تعامُل «بنيس» مع مظاهر حضور الجسد في تجربته على مستوى إعادة بناء أو إبداع هذا الجسد الشبيه في الشكل البصري للقصيدة فقط، بل يتجلى ذلك أيضاً في «استعمال الصورة الاستعارية، أي باستعمال اللغة كتَجَلٍّ استعاري للجسد: من ذلك التعبير عن الكتابة باليد الثالثة (...) والشاعر مولع بالإنصات للجسد وللغة وللكون. إنصات يتصدر القصيدة ويعلو على أي حاسة أخرى. لأنه يقدم رؤية جديدة تتجاوز الرؤية التقليدية التي تستبعد حاسة الإنصات، ويترتب عن الإنصات إعطاء صورة جديدة للمعنى الذي يتجه إلى الفراغ لا الامتلاء. من هنا، ترتسم علاقة الجسد بالعالَم عن طريق الوشم أو الأثر»[33].

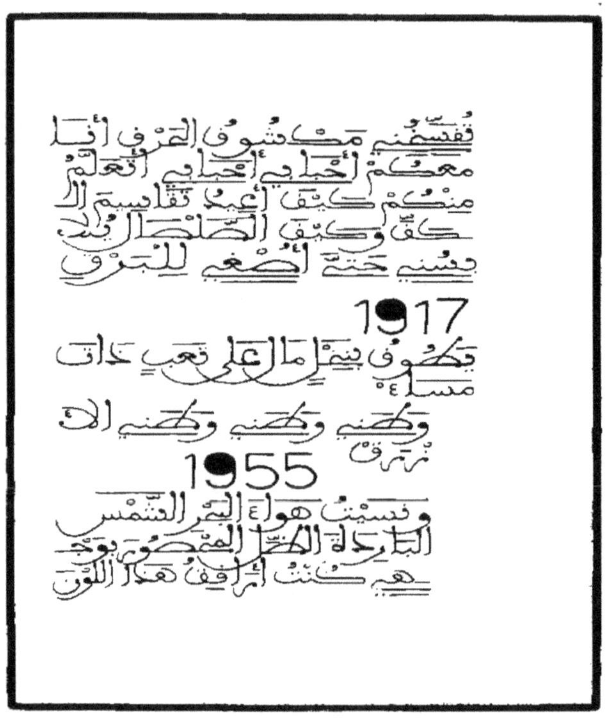

(أعلاه: قصيدة خطية لمحمد بنيس توظف في عناصرها الخطية الأعداد كوحدات خطية دالة في خطاب القصيدة)[34]

لقد جاءت التجربة الخطية لمحمد بنيس – عموماً في هذا الإطار – من جغرافية جمالية أخرى، مسكونة ببصرية العناصر والمواد والأدوات، وبتعبيرات الأشكال والخطوط والألوان (ولو أن «بنيس» لم يستعمل، كما فعل «حميش» في تدوين وإخراج تجربته الخطية بعض الألوان). إنها جغرافية الفن التشكيلي. وذلك راجع – بالأساس – إلى اهتمام «بنيس» بتكوينات وخطابات هذا الفن البصري الذي مارس على الشاعر نفسه سطوته الجمالية والتعبيرية والفنية. إذ كان

«بنيس» حِينَها على صداقات عميقة بالعديد من التشكيليين المغاربة والعرب. مما جعله قريباً من الإمكانات التعبيرية والجمالية للفن التشكيلي، ومنجذباً – ربما أكثر من غيره من الشعراء المؤسسين للتجربة الكاليغرافية المعاصرة في المغرب – إلى هذا الفن وتأثيراته وسطوته.

حيث كان «بنيس» من الشعراء المغاربة السبّاقين إلى الكتابة عن الفن التشكيلي والتجارب التشكيلية المغربية بالخصوص، وواحداً أيضاً من المنخرطين في تجربة التأسيس لخطاب نقدي مصاحب للتجربة التشكيلية في المغرب، وأحد أهم المؤسسين لهذا الخطاب في المغرب كذلك. وسيكون هذا الانخراط المبكر للشاعر في مواكبة أهم الإنجازات التشكيلية في المغرب أيضاً، سبباً أو أفقاً حقيقياً لبلورة رؤية عاشقة للتشكيل، ولمشاريع عمل حقيقية، ومشتركة مع بعض التشكيليين المغاربة والعرب، ضمن إمكانية مزاوجة الشعر بالتشكيل.

ذلك ما يشير إليه أو – بالأحرى – ما يؤكده أيضاً الباحث المغربي «عبد اللطيف بنداود» – في هذا الإطار – ضمن حديثه عن الخصوصية أو الأبعاد التشكيلية الواضحة في التجربة الخطية لمحمد بنيس، وخصوصاً في مجموعته الشعرية «في اتجاه صوتك العمودي». إذ يُجزم «بنداود» بوجود هذه الأبعاد أو «التعبيرات» التشكيلية وتجلياتها، بما لا يدع مجالاً للشك، قائلاً: «تَبرُز مرة أخرى أهمية التعبير التشكيلي في الديوان، واتخاذه من طرف الشاعر أداة تعبيرية، إضافة إلى اللغة والإيقاع الشعري. بل يبدو أن الرؤية التشكيلية تأخذ بتلابيب الشاعر، فيساوقها مساوقة عجيبة مع لغته

وإيقاعه، وينظمها في نسق تتجاذب فيه الروح التشكيلية والنفس الشعري»(35).

كيف تلقى النقد والقراءة في المغرب هذه التجارب الخطية، لشعراء حاولوا ــ كل حسب توجهاته وقناعاته ووعيه الجمالي والبصري الخاص ــ طرح مقترح بصري جديد للقصيدة المغربية؟ وخصوصاً تجربة «محمد بنيس» التي وُوجهت أكثر من غيرها بالكثير من الرفض وقسوة الحُكْم و«الممانعة النقدية» أحياناً؟

حتْماً، كانت هناك أيضاً العديد من القراءات العاشقة والمسانِدة لتجربة «بنيس» الخطية وغيرها، في المغرب وخارجه. وقد عملنا ــ تمثيلاً لذلك لا حصراً ــ على إدراج نماذج من هاته القراءات العاشقة في هذا الإطار. سواء ما جاء منها من خارج المغرب: مثل قراءة «يُمنى العيد»، أو من داخله، مثل قراءات «محمد الزموري» و«عبد الجليل ناظم» و«عبد اللطيف بنداود»... وغيرهم. إذ حاولتْ هاته القراءات رصد وتحليل العديد من خصوصيات الكتابة الشعرية عند محمد بنيس، وكذاك تجربته الخطية في مجموعته الخطية أو الكاليغرافية «في اتجاه صوتك العمودي»، نظراً لما أثاره صدور هذه المجموعة وقتَها من نقاشات وسِجَالات.

لكننا، نكتفي ــ هنا ــ بالنسبة للقراءات الأخرى غير العاشقة وغير المؤيدة لتجربة محمد بنيس الخطية تحديداً، بوجهة نظر واحدة فقط (وجهة نظر الناقد المغربي «نجيب العوفي»)، هي النظرة المحكومة أساساً بتوجهها وخلفيتها «الإيديولوجية»، المحكومة بالمنطلقات غير الجمالية للمنهج الاجتماعي ــ التاريخي الذي ظل هذا الناقد يعتنقه.

يكتُب نجيب العوفي بصدد التجربة الخطية لمحمد بنيس قائلاً:
«الديوان الرابع لمحمد بنيس (في اتجاه صوتك العمودي) يشخص،
لا غرو، اقتحاماً عنيداً لفسحة الحداثة، إن لم نقل غارة محمومة عليها.
إن الديوان بالبِدَع التي استحدثَها، والطقوس التي التزم بها، يمتطي
صهوة الحداثة بحران وافتتان، ويحاول أن ينسف، ليس فحسب،
قوانين ما قبل الحداثة، أي ما يطلق عليه صاحب الديوان على
المستوى التنظيري، الثنائيات المانوية حيناً، وبنية السقوط والانتظار
حيناً آخر. بل يحاول أن ينسف كذلك قوانين الحداثة ذاتها»[36].

ثم يضيف العوفي – فيما يخص استخدام «بنيس» للخط المغربي
كاختيار، وكوسيلة رئيسة لتدوين تجربته الشعرية الكاليغرافية:
«مبدئياً، ليس ثمة خلاف أو اعتراض حول شرعية استخدام الخط في
الكتابة الشعرية، متى مورستْ هذه الشرعية ضمن حدود الشعرية
ذاتها، أي ضمن حدود ما يَلْزَم، ومن غير أن يطفح الكيل لتتطاول
على ما خارج هذه الحدود. أي انجرافها وراء ما لا يَلزَم»[37].

بهذا المعنى، تكون وجهة نظر نجيب العوفي محاكمة صريحة
لتجربة محمد بنيس وإدانة قبْلية وبعدية لها كذلك. وذلك أيضاً كان
موقفاً مشابهاً، يمكن لمسه فيما كتبه محمد الماكري عن نفس التجربة
الخطية لبنيس، سواء بخصوص مجموعته الشعرية «في اتجاه
صوتك العمودي» أو «هكذا كلمني الشرق موسم الحضرة»، في كتابه
«الشكل والخطاب: مدخل لتحليل ظاهراتي»، هو الكتاب الذي تبنى
في دراسته وتحليله للشعر مقتضيات المنهج أو التحليل الظاهراتي،
كما سبقت الإشارة إلى ذلك بتفصيل في أحد هوامش أو إحالات هذا

البحث (الإحالة الثانية من الصفحة 44)، نفس الكتاب الذي اعتمدْنا على الكثير من رؤاه وتحليلاته للمَلمَح أو الخطاب البصري للقصيدة بشكل أساس، وفي أكثر من موقع من هذا البحث كذلك.

ولو أن المقام لا يتسع – هنا – لمناقشة مستفيضة لآراء محمد الماكري ونجيب العوفي وغيرهما، من هذه التجربة أو تلك. إلا أن احترامنا لمواقف هذين الباحثين والناقديْن من التجربة الخطية لبنيس تحديداً، سيظل قائماً كذلك، لكن يبقى من حقنا أيضاً القول بأن موقف نجيب العوفي (عكس ما قام به الماكري على مستوى دراسة مستفيضة، ممنهجة ومتأنية) لم يكن مؤسساً على منطلقات بحثية تطبيقية وجمالية صِرفة، تسمح – مثلما فعل الماكري على الأقل – باستجلاء بعض الخصوصيات التعبيرية والجمالية، وبعض الخطابات البصرية الدالة في تجربة بنيس الخطية وغيرها من التجارب التي جاءت ضمن المقترح الكاليغرافي المغربي المعاصر آنذاك.

حيث يمكن الجزم – هنا – بأن قـراءة نجيب العوفي لتجربة «بنيس» وغيره من الشعراء المؤسسين للتجربة الكاليغرافية المعاصرة في المغرب، جاءت من خارج خصوصيات ومنطلقات الخطاب البصري وأدواته ومناهجه. مع ذلك، لا يخفي «العوفي» – ضمن كتابته «المضادة» لتجربة «بنيس» إعجابه أو قُبولَه الضمني بهذه التجربة. إذ لا يمانع الناقد – في موقع آخر من مقالته – في الجهر بأن نفس «التجربة تطمح إلى تطوير وتثوير البلاغة الشعرية، وتعزيز بلاغة الزمان ببلاغة أخرى مهمشة ومنسية، يسميها الشاعر «بلاغة المكان»: أي تحرير القصيدة من سطوة الأذن، لتنخرط في

احتفال العين، وتحويلها من الجاذبية السمعية ـ الإنشادية إلى الجاذبية البصرية ـ الكتابية»» [38] .

3 ـ أحمـد بلبـداوي وتجاذبـات «المَتن» و«الحاشـية» في: «حدّثنا مَسلوخُ الفَقْر وَرْدي»:

هل ثمة حقاً ما يميز التجربة الخطية لأحمد بلبداوي في هذه المجموعة الشعرية (حدّثنا مسلوخُ الفَقر وردي) عن باقي تجارب محمد بنيس وعبد الله راجع وبنسالم حميش، جمالياً وتعبيرياً على الأقل؟ سواء من حيث شكل القصيدة، الذي يبدو رهانه الأساسي مرتكزاً كذلك ـ في التنصيص على البلاغة البصرية للمكان ـ على فعل هندسة géométrisation الشكل وطرق أيقَنَتِه Façons d'iconiser، أو من حيث توجهه أيضاً نحو ملء المكان وإفراغه ضمن لعبة تناوب السواد والبياض، داخل الفضاء البصري والسيميوطيقي للقصيدة؟

إن رافِعتَيْ الوسيط (الخطاط) ـ هنا ـ ونوع الخط المغربي المنسوخ باليد، وما ارتبط به في ذاكرة القارئ العربي والمغربي على وجه التحديد، من «قدسية» ومقومات طقسية، والذي اعتمده بمساحة أكبر كل من بنيس وراجع في تدوين تجربتيهما الخطيتين، بينما نَوّعَ «بلبداوي» في أشكال خطوطه، ليس لهما بالضرورة خاصيات وتجليات ذلك النوع من «الرهبة» والغموض، وفاعلية «المُكمّل الطقسي» للتدوين، بالنسبة للتجربة الخطية لأحمد بلبداوي.

إذ يختار أحمد بلبداوي في تجربته ـ إضافة إلى الخط المغربي

ـ شكلاً خطياً آخر (الخط النسخي) لبناء نصوصه، ويحضر كلياً في قصائده الخطية من خلال تدوينها بيده، حيث اعتماد «تجربته على خط يده، رسّخ إمكانية قرائية جديدة، تعتمد على إدماج الدال الخطي في بناء شعرية النص ودلالته»[39].

وبينما يَغِيب أثر اليد الناسخة لبنيس وراجع كلياً في متنيهما الخطيين، بما قد لا تؤثر ـ ربما ـ مسألة حضور الأثر المادي أو الجسدي لهذا الشاعر أو ذاك في نصوصه المنسوخة باليد، في شيء، بالنسبة لدلالة هذه النصوص وخطابها الجمالي، ففعل الحضور هذا، قد يكتسي قيمة رمزية فقط: من حيث تصبح النصوص الخطية المرسومة أو المخطوطة من طرف أصحابها ـ ضمن هذا المنحى ـ نوعاً من التوقيع الشخصي، يتقصى فيها القارئ، والناظر، والمتلقي أثر الشاعر ودمه، حركةً يده في ارتجافها وتوازنها، في يقينها وترددها، وربما يتعرّف فيه نفس القارئ إلى البصمة أو الهوية الشخصية للشاعر كذلك؟.

تراهن تجربة «بلبداوي» إذاً ـ في هذا المنحى ـ إضافة إلى خيار الأيقنة البسيطة والمُركّبة للقصيدة، على إجراء بصري آخر لا يقل تعبيرية وجمالية أيضاً عما استعمله الشعراء الآخرون (المؤسسون لنفس التجربة). إنه إجراء المتن المُحاط بحاشية، غالباً ما تكون على شكل هندسي مستطيل، ترسم حدوده أو أضلاعه الأربعة خطوط مستقيمة سوداء، ذات سُمْك ملحوظ، ومفتوحة ـ في الغالب ـ من أحد جوانبها على البياض أو على المتن.

وذلك ما يسمّيه «الماكري» في هذه التجربة خصوصاً بـ «المتن

(أعلاه: قصيدة خطية على شكل قدَم بشرية لأحمد بلبداوي
يستجيب شكلها لفعل الأيقنة ولمقتضيات الفضاء الأيقوني)[40]

المُكتَسِح لفضاء الحاشية»، أي حين يَخترق المتن حدود الحاشية المرسومة، ويتعدى حوافّها في امتداد يتجه إلى الخارج، ثم «الحاشية المكتسحة لفضاء المتن»، أي حين تكون حركة المتن متجهة من الخارج، ومحاولة اختراق أو اكتساح فضاء الحاشية الهندسية المرسومة. وكأن حركة المتن – هنا – في محاولة انفلاتها من الحدود المسيّجة للحاشية، أو في محاولة هجومها على الحاشية، هي حركة تتجاذَبُها رغبة التحرر من الأَسْر والعودة إليه في نفس الوقت.

ذلك أيضاً ما يحاول «الماكري» توضيحه في النموذجين الخطيين التاليين للشاعر «أحمد بلبداوي»، والمُتعلقيْن – أساساً – بمسألة اكتساح المتن والحاشية لحدود بعضهما البعض [41]:

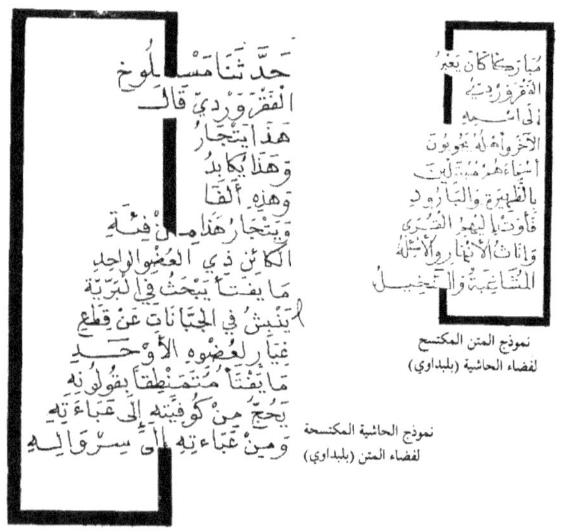

نموذج المتن المكتسح
لفضاء الحاشية (بلبداوي)

نموذج الحاشية المكتسحة
لفضاء المتن (بلبداوي)

(أعلاه: قصيدة خطية لأحمد بلبداوي، توظف بشكل
مائز نماذج «المتن والحاشية» في اكتساح بعضهما البعض) [42]

110

يلتجئ محمد بنيس بدوره إلى نفس الإجراء الخطي (المتن والحاشية)، كتقنية جمالية تهدف إلى إضفاء المزيد من التعبيرية على شكل القصيدة وإخراجها البصري على الصفحة، وذلك من أجل تعميق خطابها البصري ودلالتها أيضاً. لكن مَتْن «بنيس» وحاشيته يخالفان ــ في هذا المنحى ــ مَتْن وحاشية «بلبداوي». إذ فيما يترك هذا الأخير حواشيه الحادة مفتوحة ومشرعة على البياض، ليلِجَها المتن أو يغادرها متى يشاء، وبنوع من الحرية، يعمل «بنيس» على جعل مَتْنه أسيراً لحدود الحاشية، ضمن نوع من العزل الصارم لفضاء ودلالات المتن والحاشية معاً. حيث يصبح المتن الموجود خارج الحاشية بدوره بمثابة حاشية على حاشية.

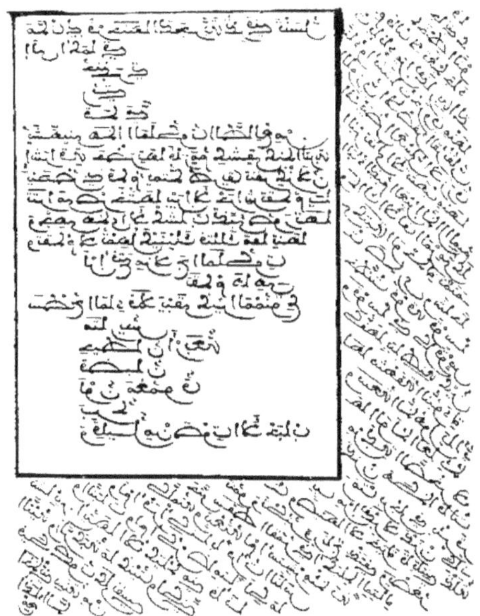

(أعلاه: نموذج للمتن المسيّج، والحاشية المغلقة لـمحمد بنيس) [43]

ثُم إن التنصيص، هنا، على »التشكيل الخطي المغربي بعنفوانه واحتشاده وبهرجته الباذخة، هو تنصيص على حركية الجسد في تَلبُّساته وتحولاته، في اندفاعاته وتنقلاته بشكل موازٍ لموسيقية الخط وتراكُب الأشكال – يقول أحمد بلبداوي – أيْ حينما أكتب القصيدة بخط يدي، فإني لا أنقل إلى القارئ مُعاناتي فحسب، بل أنقل إليه نبضي مباشرة وأدعو عينه للاحتفال بحركة جسدي على الورق. يصبح للمداد الذي يرتعش على البياض، كما لو كان ينبع من أصابعي مباشرة لا من القلم، ويغدو للنص إيقاع آخر يدرك بالعين مضافاً إلى إيقاع الكلمات المدرك بالأذن« [44] .

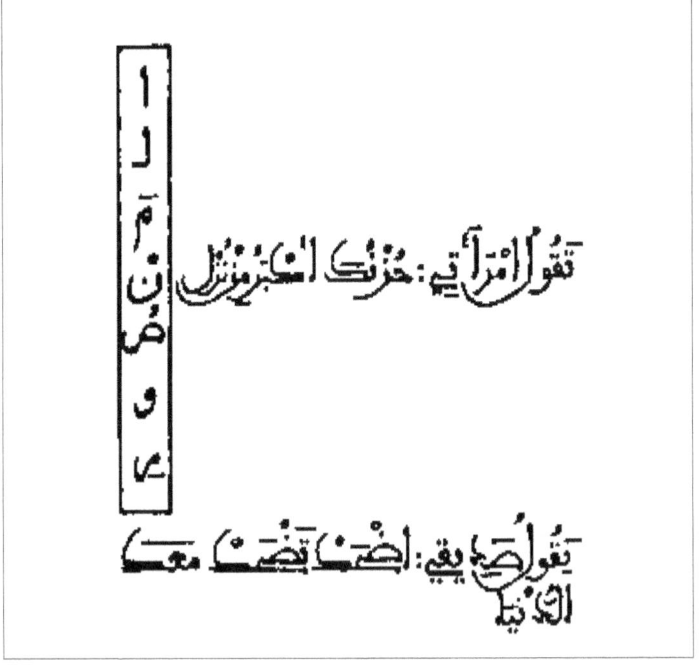

(أعلاه: أيقون لافتة إعلانية (نزْلُ المنصور) بالخط المغربي لأحمد بلبداوي) [45]

قيل أولئك أهلك أو يزعمون قلت ماذا تفعلون
قالوا نصنع السرادق والبنادق والثبانق شعرا
قلت ارجعوا إلى ولنكر عليه السلام واستصبغوا
بدلا فانصرفوا ولم يعودوا. ورميت بعيني تحبي
فإذا الأرض غير الأرض وإذا خريف من النعنات
والأحذية والأجراس والسلاسل والحبب وأعقاب
السجائر والكوفيان مختلفة ألوانها يطلعن
بلافتات من ورق البنكوت يشهق فيهن أسمى
وبعض من أسماء الوطن الحسنى مكتوبة بمعشق
النبيل فصحت مناديا في هذا الحشر

يا نبيه يا نزيه يا وضاح
يا صفوان يا ثابت يا
حازم يا عزام يا نظام
يا ضرام يا قتادة يا حكم
يا صخر يا مرة يا شمردل

113

4 – التجربة الخطية لبنسالم حميش بين حضور الذات وأثر الوسيط (النموذج التطبيقي للدراسة):

بين التجارب الشعرية الخَطِّية لكل من محمد بنيس، وعبد الله راجع، وأحمد بلبداوي، تكون التجربة الكاليغرافية لحميش متواجدة ضمن خيار أو تصور تدويني، ارتــأى صاحبه أن يكون بين المنزلتين، أو – بالأحرى – أن تكون تجربته المعنية هنا (ثورة الشتاء والصيف)[47] تجميعاً لكل التقنيات والأشكال والصيَغ التدوينية التي ضمتها تجارب الشعراء الآخرين، المؤسسين لهاته التجربة الخطية المغربية، وذلك من خلال رغبة «حميش» في الحضور كذات وكأثر في تجربته الشعرية من خلال خط يده، ثم من خلال لجوئه إلى استعمال «اليد الثانية»، أي يد الخطاط (محمد قرماد)، وكذلك من خلال استعماله – في هذه المجموعة الشعرية – للخط المطبعي، كخيار جمالي أو كوسيط ثالث، لم يستعمله غيره من شعراء التجربة الخطية المغربية (بنيس – راجع – بلبداوي) في تجاربهم السالف ذكرها في هذا الإطار.

مِنْ هنا، نعيد طرح أسئلة أخرى (ربما نفس الأسئلة) – فيما يخص هذه التجربة بالذات – محاولين بذلك البحث عمّا هو مميز في التجربة نفسها، عمّا هو متقاطع ومتشابه مع باقي التجارب الخطية المغربية الأخرى، ثم عمّا هو مُفارِق لها بالفعل في نفس الوقت؟ لعلنا نصل بذلك إلى بعض الاستنتاجات أو الخلاصات التي قد تسعفنا بالوقوف عند بعض من الفروقات والتقاطعات التعبيرية والجمالية الممكنة بين هذه التجربة وغيرها كذلك في آخر المطاف.

تقع مجموعة «حميش» الشعرية الخطية (ثورة الشتاء والصيف) في ستة وتسعين صفحة من الحجم العادي والمتوسط. لكنها تأتي ــ عكس سابقاتها من التجارب الخطية السالف ذكرها ــ متضمنة للعديد من المزايا البصرية، والعناصر الجمالية، والتوزيعات اللونية، والتنويعات الخطية والطباعية، غير الموجودة فيما جايلها أو عاصرها من تجارب خطية أخرى:

أ ــ التوزيع اللوني، والتنويعات الخطية والطباعية، والإخراج البصري للقصائد على الصفحات:

جاءت مجموعة «حميش» الشعرية ــ في مُجْمَلِها ــ بالألوان: (الأسود ــ الأبيض ــ الرمادي ــ الأحمر ــ البرتقالي ــ البنفسجي). وذلك ضمن خاصيات توزيع لوني، اتخذ له ــ في إخراجه العام على الغلاف وعلى الصفحات ــ مظاهر وتوظيفات مغايرة تماماً.

إذ تجدر الإشارة ــ هنا ــ فيما يخص الألوان المستعملة في المجموعة الشعرية، إلى أن «حميش» لم يختر ــ في هذه المجموعة ــ اللون الأبيض الناصع، كلون للصفحات، أو كخلفية رئيسة للقصائد، بل اختار اللون الأصفر الباهت كلون لأغلب صفحات الديوان. باستثناء الجزء اللوني الأسود الذي يعكس فيه الشاعر الآية، أو يقلب القاعدة، ويستعمل الأسود القاتم كلون للصفحات، ثم الأبيض الناصع كلون للخط. بحيث تنتفي ــ هنا ــ أو تتقلص، على الأقل، تلك الخاصية اللونية المألوفة، والثنائية التضاد (أبيض / أسود) في جل الدواوين الشعرية.

وحتى التعارض المألوف للأبيض والأسود، يصبح بدوره معكوساً من حيث القيمة والدور هنا. إذ يصبح الأسود كلون للصفحات لوناً مركزياً، فيما الأبيض لوناً للخط وللمتن فقط.

أما في باقي المجموعة، فالصفحة دائماً لونها أصفر باهت، والخط يأخذ دائماً لونه من لون الجزء الذي يتواجد ضمنه (برتقالي، بنفسجي أو رمادي). ومن هنا، تكون إشارة «حميش» واضحة في هذا الإنجاز، من حيث إضافة البُعد اللوني لتعميق دلالة المجموعة الشعرية وجماليتها في نفس الوقت. وتلك ــ في نظرنا ــ بمثابة «ثورة» جمالية ودلالية أخرى، يدشنها أو يعلنها «حميش» على الأشكال، وعلى الجماليات السائدة في تدوين الشعر وإخراجه على الصفحات والحامل أو على السند الورقي.

من هنا أيضاً، يأخذ التوزيع اللوني للمجموعة، انطلاقاً من وجه غلافها، وعلى امتداد صفحاتها، المظاهر والصيغ التعبيرية والجمالية التالية:

ب ــ الوجه الخارجي لغلاف المجموعة:

لونُه أحمر، تتوسطه بُقعة بيضاء على شكل لطخة كبيرة الحواف، لا تحيل على شكل هندسي معين، وليس لها أضلاع وزوايا حادة. وعلى الجزء الأكبر من مساحة البقعة البيضاء، تم ترسيم أو كتابة عنوان المجموعة (ثورة الشتاء والصيف) بخط أسود، منسوخ بيد الخطاط، وبسُمْك وحركية ملحوظين. فيما تم وضع اسم الشاعر أو المؤلف ــ من

كلمة واحدة فقط: «حميش» في أعلى يمين صفحة الغلاف بخط مغاير لخط العنوان، ويُرجّح أن يكون خطاً مطبعياً، أو منسوخاً باليد كذلك، ما دام في وسع الخطاطين أن يقلدوا دائماً ـ وبنفس الدقة ـ العديد من الخطوط المطبعية المعروفة (انظر الغلاف أسفله):

أول ما يثير الانتباه ـ على مستوى الدلالة، في غلاف هذه المجموعة، هو حمولته الإيديولوجية والعاطفية بشكل أساس، وذلك من خلال لونه الأحمر القاني، المرتبط دلالياً بالدم، أو المرموز به ـ غالباً ـ إلى الثورة والرفض والتوق إلى العاطفة الجياشة والتضحية والتغيير، خصوصاً في ثقافات العديد من الشعوب، وفي الخطابات

البصرية التدليلية، للعديد من الأدبيات، والإيديولوجيات، والمعتقدات السياسية الماركسية واليسارية العمالية، على أوسع نطاق.

وفي ذلك نوع من التطابق التام بين اللون ودلالته، ثم إشارة واضحة – من لدن الشاعر – إلى «الثورة السياسية» من خلال استعمال اللون الأحمر، كخطاب دال في نصوص المجموعة الشعرية ولون غلافها في نفس الوقت. هي الدلالة أو الموقف الذي لازم أيضاً «حميش» وغيره من العديد من الشعراء والكتاب والمثقفين المغاربة، إبان مرحلة السبعينيات من القرن العشرين، والتي ميزها بشكل فارق ذلك المَد الإيديولوجي اليساري، المشبع أو المطبوع – بالأحرى – أيضاً بتوجهات وقناعات التيارات الماركسية، وغيرها من النزعات اليسارية والثورية العالمية.

ج – التوزيع اللوني والتنويع الخطي والطباعي الداخلي للقصائد على الصفحات:

تأتي المجموعة الشعرية، بالنسبة لتوزيعها اللوني الداخلي، سواء فيما يخص القصائد أو الصفحات الحاملة لهته القصائد، على شكل باقة لونية منتظمة المراحل، والأجزاء، والألوان بالنسبة لتَدَرّجِها الكلي بالصيغ التالية:

1 – الجـــزء اللوني البرتقالي: (مـــن الصفحة 1 إلى الصفحة 16):

يشكل هذا الجزء مُفتَتح المجموعة أو عتبتها. إذ يحتوي على

عنوان المجموعة، واسم الشاعر، وعناوين القصائد، ومعطيات خاصة بالمؤلف والمساهمين في إنجاز المجموعة الشعرية: (الرسوم الداخلية للفنان الراحل «محمد القاسمي»، واسم الخطاط «محمد قرماد»). ثم على تصدير من بيتين شعريين لـ «سيدي عبد الرحمان المجذوب»[48] ولوحات تشكيلية، وقصائد كلها منسوخة بيد الشاعر، ما عدا القصيدة الأولى، المنسوخة بيد الخطاط، والتي تبتدئ وتنتهي بمطلع نشيد ثوري من أمريكا اللاتينية، يورد الشاعر هامشاً تعريفياً له في أسفل الصفحة الثامنة من المجموعة الشعرية[49].

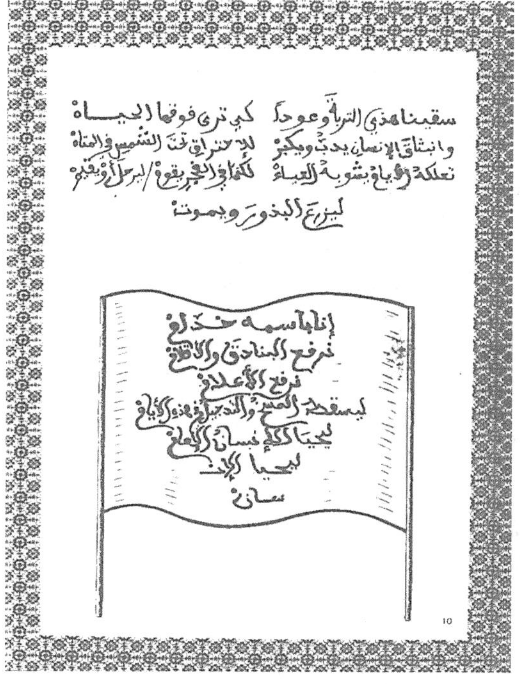

(أعلاه: نموذج من قصائد «حميش»، المنسوخة بيده، والمنجزة ضمن «الجزء اللوني البرتقالي»، والمحاطة ببرواز زخرفي بنفس اللون)[50]

مع ضرورة الإشارة كذلك ــ بالنسبة للتنويع الخطي في المجموعة الشعرية ــ إلى أن جميع القصائد، سواء في الجزء البرتقالي، أو في غيره من الأجزاء اللونية الأخرى التي سنتناولها بالوصف والتحليل، جاءت ضمن تنويع خطي يتوزع ما بين: الخط المنسوخ باليد (يد الشاعر تارة، ويد الخطاط تارة أخرى)، ثم الخط المطبعي الذي يتواجد بنسبة قليلة في المجموعة. إذ يحتل هذا الخط أحياناً صفحات بأكملها: (بعض صفحات الجزء اللوني الأسود: 26 ــ 27 ــ 28)، أو يحتل نصف صفحة فقط: (النصف العلوي من الصفحة 38 في الجزء اللوني البنفسجي)، أو يتواجد بنسبة وبدرجة أقل، لا تكاد تتعدى كتابة أو طبع عنوانين فرعيين لقصيدة واحدة (منسوخة، في هذه الحالة، بيد الشاعر).

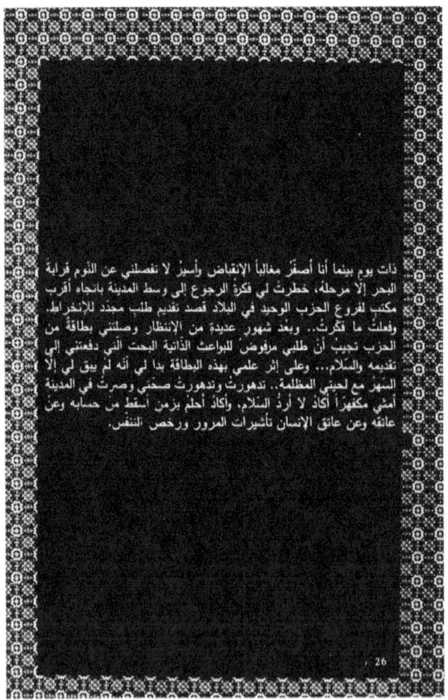

(نموذج من قصائد «حميش»، المنجزة بخط مطبعي أبيض على خلفية سوداء، ضمن «الجزء اللوني الأسود» من المجموعة. والمحاطة ببرواز زخرفي باللون الأبيض)[51]

مع ضرورة التنصيص كذلك على أن جميع الصفحات المحتوية على القصائد، محاطة بحاشية أو بإطار على شكل برواز cadre لوحة فنية، يتميز بنوع من التكرار الزخرفي لعناصر وأشكال زخرفية زَهرية متناسقة ومتناغمة، تأخذ دائماً لونها من الجزء اللوني الذي يحتويها في المجموعة الشعرية.

2 – الجزء اللوني الأسود: (من الصفحة 17 إلى الصفحة 32):

تتميز هذه المرحلة أو هذا الجزء اللوني من المجموعة الشعرية كذلك بتنويع خطي ملحوظ، يتوزع بين خطوط عِدّة: (الخط المنسوخ بيد الشاعر، ويد الخطاط، والخط المطبعي). وذلك ضمن إخراج متنوع على الصفحة، يراعي إيقاعاً بصرياً متنوعاً أيضاً. حيث يحتل المتن المنسوخ أو المكتوب مساحة الصفحة كلها تارة، ويتراجع أو ينحصر أو يتقلص على شكل كُتَل نصية وسط الصفحة أو أعلاها تارة أخرى. مما يخلق عملية تنويع بصري متعدد كذلك في تَموقُع المتن على مساحة الصفحة، ويكسر بذلك رتابة العين التي قد تتعود على إيقاع مألوف أيضاً، في العديد من أشكال الإخراج البصري للنصوص على الصفحات، في العديد من الأعمال الشعرية المطبوعة.

مع ما يمكن أن تضيفه أو تدل عليه كذلك – خصوصاً ضمن هذا الجزء اللوني من المجموعة الشعرية – الخاصيات الجمالية لتضاد أو تَقابُل اللونين الأسود والأبيض، العتمة والضوء. بحيث تبدو التفاعلات الضوئية والفيزيائية لهذين اللونين في النظر، مثل شَرارات مشتعلة، وكأنها تضيء بقناديل «نشيدها الثوري» هذا سبيل

القارئ نحو «ثورة» محتملة. هكذا يحلم «حميش» بقارئ ينخرط في أفق التغيير المشتهى، أو يراهن ــ بالأحرى ــ على جعله ضمن كوكبة الحاملين لمشعل هذا التغيير الممكن في رحم التجربة المغربية.

هكذا، تبدو القصائد المطبوعة أيضاً بلون أبيض ناصع على خلفية سوداء، وهي تنبجس من سواد الصفحة ــ أو بالأحرى من عَتمات العالم ــ مثل إشارات مضيئة قد تقود العين والفكر معاً نحو ضفاف أخرى، أفقها المتعدد هو: الحلم، والأمل، والوجه المشتهى لبلد أو وطن شاسع، ظل بعيدَ المنال ومستعصياً على القبض.

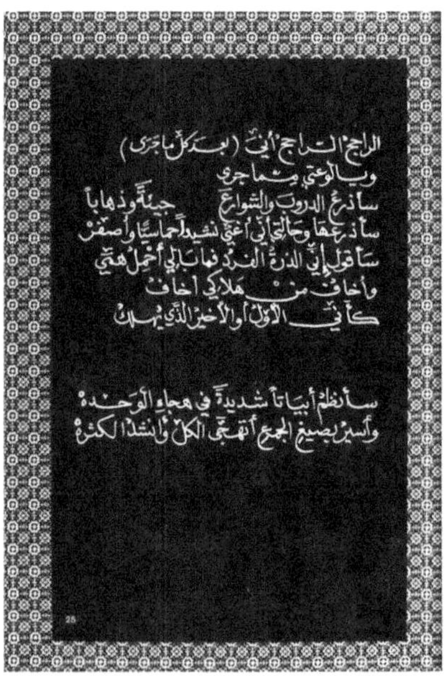

(أعلاه: نموذج من قصائد «حميش»،
المنسوخة بخط أبيض على خلفية سوداء، ضمن «الجزء اللوني الأسود»
من المجموعة، والمحاطة ببرواز زخرفي باللون الأبيض)[52]

3 – الجزء اللوني البنفسـجي (من الصفحة 33 إلى الصفحة 64):

يشتغل هذا الجزء اللوني من مجموعة «حميش» الشعرية كذلك على تقنية أو خاصية التنويع الخطي، ومساحات توزيع الألوان («الأصفر الباهت» كلون للصفحة، و«البنفسجي» كلون للخط) كباقي الأجزاء اللونية الأخرى في المجموعة. إذ يجد القارئ المُبْصِر على امتداد صفحات هذا الجزء تنويعاً خطياً يشمل خط يد الشاعر، والخطاط، إضافة إلى الخط المطبعي الذي يحضُر هنا أيضاً بدرجة أقل من غيره من الخطوط.

بحيث يتم إدراجه – وبإيعاز من الشاعر طبعاً – من قِبَل المشرف أو المشرفين الفنيين على إعداد المجموعة الشعرية، واللذين لن يكونا – في الغالب سوى الفنان التشكيلي «محمد القاسمي»، والخطاط «محمد قرماد»، باعتبارهما الشخصين اللذيْن ساهما فنياً، كما هو مثْبت في الصفحة الثانية من المجموعة الشعرية، في إنجاز هذه المجموعة الشعرية الخطية، ووضع تصور لتصميمها وإخراجها الفنيين. إذ قام «القاسمي» بإنجاز رسوماتها الداخلية، فيما أنجز «قرماد» جزءاً مُهِمّاً من خطوطها بيده.

بذلك، تبدو، هنا، الكتلة المتقلصة أو المحصورة – بصرياً – للخط المطبعي، وخصوصاً الأسطُر الشعرية الثلاثة، الموضوعة في أعلى الصفحة 37 من هذا الجزء اللوني (البنفسجي) ضمن المجموعة الشعرية، بمثابة عملية «لَصْق» أو «كولاج collage» فني، الغرض

منها ليس التنويع في الجمالية البصرية للخط فقط، بل كذلك هي نوع من الإشارة الرمزية الذكية إلى قدرة العين المتدربة، والممتلكة لوعيها التاريخي والبصري، على التقاط الضوء، وكذلك أشكال التوتر، في مكامِنها البعيدة.

مِنْ ثَمَّ، يتم تحديد «الفاصل» ما بين المُعتم والمضيء، ما بين القِوَى المزيفة وغيرها من الأشياء التي بمقدورها دائماً صنع الفعل التاريخي الحقيقي، أو العمل على طمسه وإضاءته في نفس الوقت. خصوصاً حين يكون مضمون هذه الكتلة الضئيلة والبسيطة من الشعر مشيراً بالأصبع إلى شكل، وقوة، ومكامن هذا الضوء في آخر المطاف. إذ يأتي نص الشذرة الشعرية ــ المشار إليها هنا ــ كما يلي:

«على ضوء ما سلف

تَبَدّى للعين الفاصل بين روحين

الفاصل أسلاك حبال مكهربة جداً»[53].

إلا أن ما يميز حقاً هذا الجزء اللوني (البنفسجي)، وكذا الجزء اللوني الأخير (الرمادي) من المجموعة الشعرية لحميش ــ على مستوى تدوين أو كتابة بعض القصائد وإخراجها على الصفحات ــ هو الشكل الأفقي الطارئ للقصائد على الصفحات. حيث تتخلى القصائد في هذا الجزء اللوني (البنفسجي) ــ (من الصفحة 47 إلى الصفحة 57) ــ عن شَكْل تواجدها العمودي المألوف، وتنتقل إلى ترسيم أو تدوين معكوس.

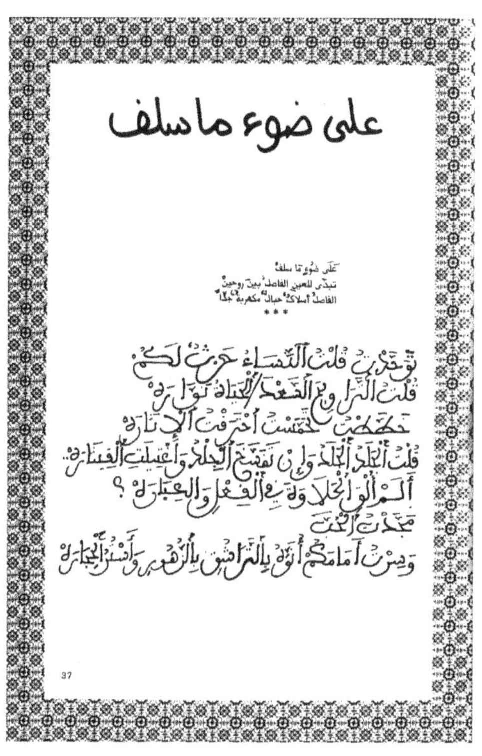

(أعلاه: نموذج من قصائد «حميش»، بتنويع خطي
يمزج بين الخط المطبعي، والخط المنسوخ باليد (يد الشاعر ويد الخطاط).
والمنجزة ضمن «الجزء اللوني البنفسجي»)[54]

حيث تُغَيِّر القصائد، على امتداد الصفحات المذكورة، اتجاهات
القراءة والنظر إليها أيضاً. ويضطر القارئ المبصر – هنا – إلى
تغيير عادته في القراءة والتعامل البصري مع المتن كذلك. يُغَيِّر
القارئ – مضطراً – من وضع الكتاب (الحامل أو السند) بين يديه
وفي عملية الإبصار كذلك. ويباشر أو يستأنف – بالأحرى – عملية
القراءة ضمن ترتيب معاكس، يحكُمه اتجاه أفقي هذه المرة.

وكأن الشاعر، يُنَوّع بذلك أو يُغيّر، عُنوة أيضاً، من مسار الفعل التاريخي لهذا القارئ – الفاعل، ويطرح أمامه مسارات أو خيارات موازية أخرى، وممكنة أيضاً لتحقيق الفعل الثوري على أرض الواقع أو الوعي به على الأقل. وذلك كان المطمح الرئيس، أو الخيار الجمالي والفكري الرمزي لفعل «حميش» نفسه ضمن هذه المرحلة – على الأقل – من تاريخه ومساره وقناعاته السياسية والفكرية فيما نعتقد.

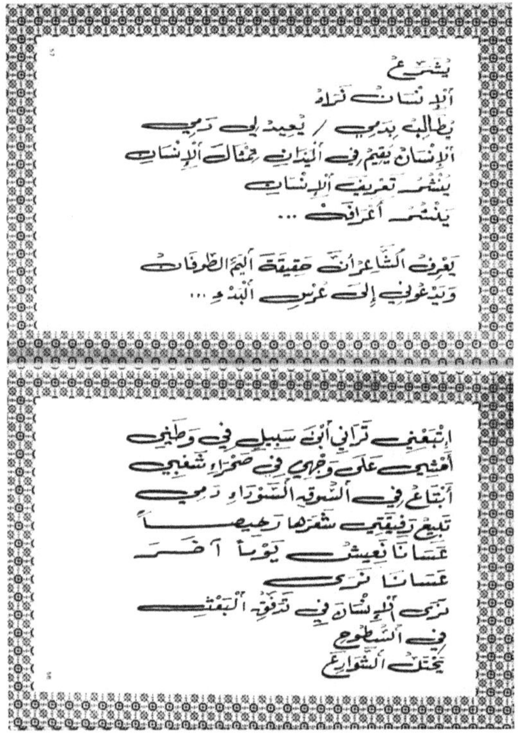

(أعلاه: نموذج من قصائد «حميش»، بيد الخطاط «محمد قرماد»، والمحكومة بتنويع «أفقي» في الاتجاه الخاص بالتدوين وبالقراءة معاً، والمنجزة ضمن «الجزء اللوني البنفسجي» من مجموعته الشعرية) [55]

4 – الجـــزء اللوني الرمادي: (مـــن الصفحة 65 إلى الصفحة 91):

ينفرد هذا الجزء الأخير من المجموعة الشعرية الخطية لحميش، بخصائص بصرية، وجمالية، وتعبيرية دالة، يمكن إيجازها في التوصيفات الثلاثة التالية:

أ – المستوى اللوني:

ثمة لونان أساسيان – لا غير – في هذا الجزء الأخير من المجموعة الشعرية: لون أصفر باهت للصفحات، ولون رمادي للقصائد الخطية وللحاشية أو الإطار الزخرفي يشبه البرواز المحيط دائماً بالمتن.

ب – المستوى الخطي:

ثمة تنويع خطي ملحوظ لقصائد هذا الجزء. حيث أنجزتْ الخطوط كلها بيد الوسيط (الخطاط محمد قرماد)، ويغيب كلياً منها خط الشاعر والخط المطبعي.

ج – مستوى تدوين وإخراج القصائد على الصفحات:

يتميز هذا الجزء من المجموعة كذلك، أو يشترك مع الجزء اللوني الذي قبله (البنفسجي) بمستويين أو بصيغتين لتدوين وإخراج القصائد على الصفحات: إذ يجد القارئ – على امتداد صفحات هذا الجزء – كذلك تنويعاً في صيغة التدوين الخطي للمتن وإخراجه. بحيث يتم

127

تكسير إيقاع التدوين الطولي أو العمودي للقصائد على الصفحات، وجعله إيقاعاً منفتحاً أو متناوباً – من حين لآخر – مع تدوين أو إخراج آخر أفقي. إضافة إلى إدراج رسمة بالأسود والأبيض للفنان الراحل «محمد القاسمي»، يحيط بها إطار أسود، وتحتل صفحة بأكملها تقريباً (الصفحة 86 من الديوان).

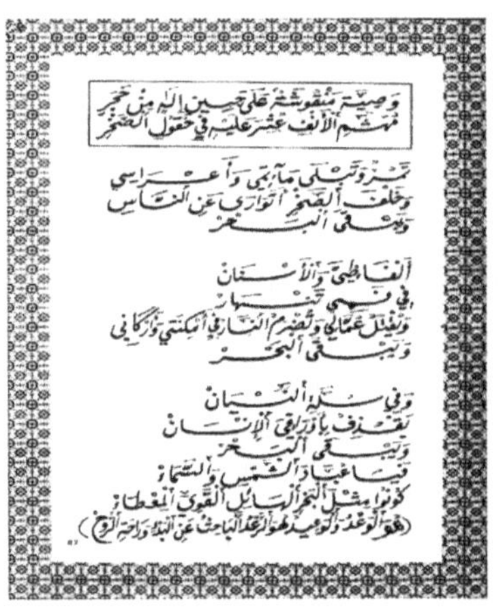

(أعلاه: نموذج من قصائد «حميش»، المنسوخة بيد الخطاط، والمنجزة ضمن «الجزء اللوني الرمادي»، عمودية المدخل بالنسبة لفضاء الصفحة. تقابلها أو تصاحبها رسمة للفنان الراحل محمد القاسمي)[56]

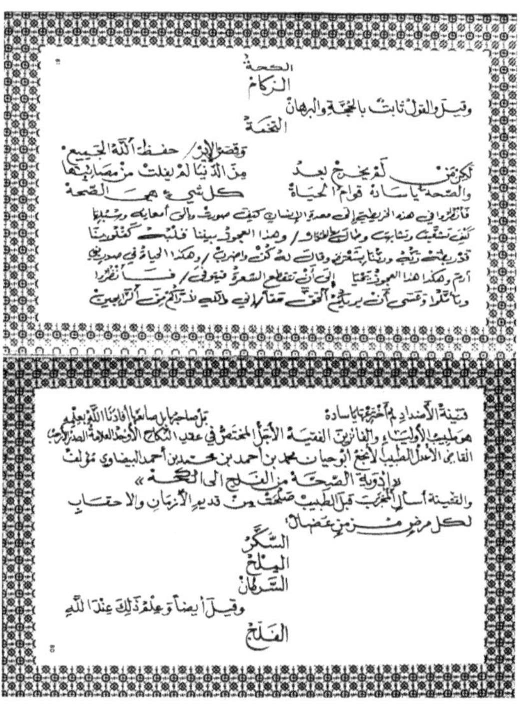

(أعلاه: نموذج من قصائد «حميش»، المنسوخة بيد الخطاط،
والمنجزة ضمن «الجزء اللوني الرمادي». أفقية المدخل بالنسبة لفضاء الصفحة،
وعمودية المدخل بالنسبة للقراءة)[57]

يطرح هذا الترتيب، أو الإجراء التدويني والإخراجي للقصائد
على الصفحات هنا، في التجربة الكاليغرافية المغربية برمتها – والتي
قُمنا بمقاربة ودراسة بعض خصائصها الشكلية، من حيث قيمتها
ودلالتها التعبيرية والجمالية في هذا الفصل من البحث – بدوره مسألة
التوجيه القسري لعين القارئ، وطريقة تعامله مع المتن الموجود
بداخله. ويتم – مرة أخرى – تكسير إيقاع القراءة أو تغيير عادتها

لدى قارئ تَعَوّد على مداخل فضائية وبصرية محكومة في أغلبها باتجاه طولي أو عمودي ثابت وشبه مستقر، يجعل عملية القراءة محكومة أيضاً بحركة العين المنحدرة أو الهابطة ـ في الغالب ـ من الأعلى إلى الأسفل.

ولو أن أغلب القراءات الخطية Lectures linéaires للمكتوب L’écrit، في جُلّ اللغات الكتابية، تظل ـ في مجملها ـ عملية بصرية محكومة بحركات أو باتجاهات أساسية ومحدودة أيضاً: (يمين / يسار) ـ (يسار / يمين) ـ (أعلى / أسفل) ـ (أفقي / عمودي). هذا إذا استثنينا من ذلك بعض الأشكال الكتابية المختلفة لثقافات أخرى، لها نظامها التدويني والخطي الخاص بها، كاللغات الآسيوية على سبيل المثال لا الحصر.

وإذا استثنينا من ذلك أيضاً بعض النماذج الخطية والتدوينية، التي ابتكرها أصحابها ضمن عمليات إبداعية قليلة نسبياً، يكون الهدف منها ـ إضافة إلى مقترحاتها الشكلية المغايرة ـ تغيير مستويات التعبير والدلالة في هذه النماذج لا غير. مثل النماذج الشعرية الخطية الهندسية التي تنتمي بالضرورة إلى نمط من أنماط القصيدة البصرية في أشكالها وصيغها المَشهدية، والتجسيمية بالدرجة الأولى: (قصائد بمداخل واتجاهات قرائية، وأشكال دائرية، ومثلثة... وغيرها).

بحيث تقلب هذه المقترحات الشكلية المغايرة للقصيدة عمليات أو مداخل القراءة المألوفة (يمين / يسار)، لتزج بها في اتجاهات أو مقترحات قرائية أخرى لا عهد لعين القارئ العربي بها (مثل

القراءة الدائرية ــ الحلزونية، والقراءة المتموجة، والقراءة المائلة، والقراءة من المركز إلى المحيط صوب جميع الاتجاهات... وغيرها من المداخل القرائية والاتجاهات). هي الاتجاهات التي نُدرج ــ على سبيل المثال لا الحصر هنا ــ بعض نماذجها الخطية، كالتي أنجزها محمد بنيس في تجربته الشعرية الكاليغرافية:

(أعلاه: النموذج 1: قصيدة بجمل حلَقية أو دائرية، خالية من علامات الترقيم. تفرض على ناظرها أو قارئها مدخلاً قِرائياً دائرياً من دون نقطتيْ بدء أو نهاية)[58]

131

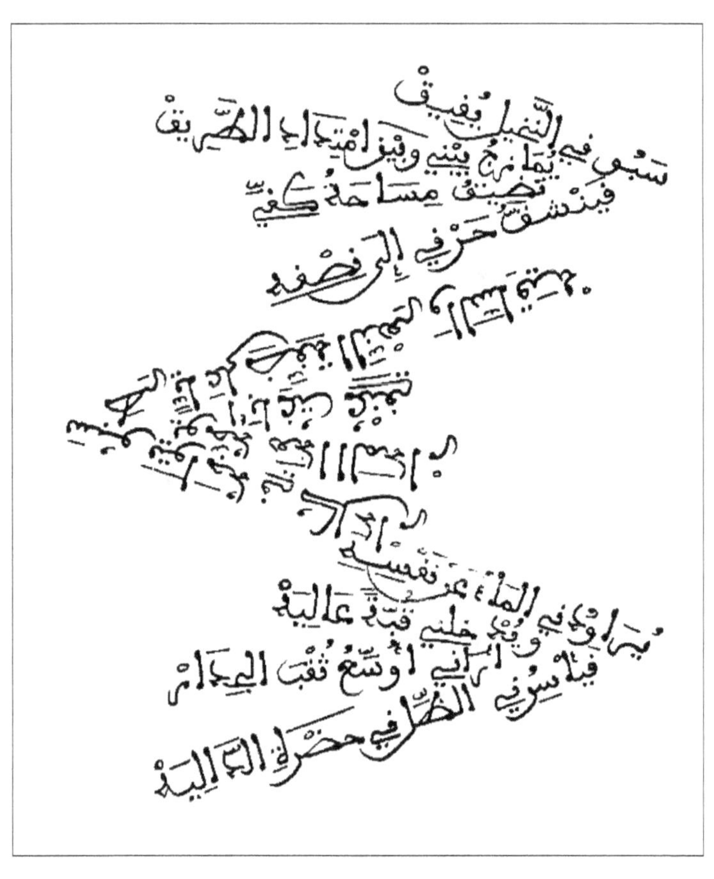

(أعلاه: النموذج 2: قصيدة خطية لمحمد بنيس:

ذات اتجاهين أو مدخلين قِرائييْن مائلين: («يمين / يسار» و«يسار / يمين»)[59]

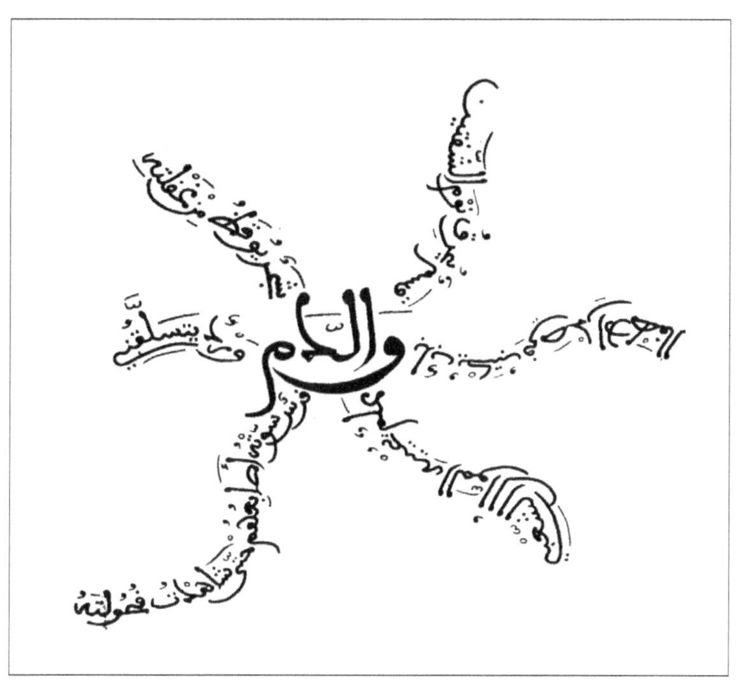

(أعلاه: النموذج 3: قصيدة خطية لمحمد بنيس:

على شكل زهرة أو «نجمة بحر». ملتوية الحركة ومركزية الاتجاه:

مداخلها القرائية متعددة ومعكوسة أحياناً: من المركز إلى المحيط، وفي عدة

اتجاهات: مركز / يمين ــ مركز / يسار ــ مركز / أعلى ــ مركز / أسفل)[60]

(أعلاه: النموذج 4: قصيدة خطية لمحمد بنيس: متموجة الأسطر والحركة)[61]

د – الظَّهر الخارجي للغلاف:

يأتي ظهر غلاف المجموعة الشعرية الخطية لحميش على مساحة طولية من اللون الأبيض الباهت، عكس وجه غلافها الذي جاء لونه قاني الاحمرار، والصفحات الداخلية التي اتخذتْ جميعها من اللون الأصفر الباهت وشاحاً لونياً لها. باستثناء صفحات الجزء اللوني الأسود، التي انفردتْ ـ كما سبقت الإشارة إلى ذلك ـ بخاصية الأسود: كلون أو كطلاء للصفحات، وبالأبيض الناصع: كلون مُشِع للحروف وللقصائد.

حيث وضع الشاعر ـ في أعلى اليسار من ظهر الغلاف ـ صورة شخصية له (بالأسود والأبيض)، وذلك جرياً على عادة «تعريفية» بصاحب الكتاب أو مؤلفه. هي العادة أو «العُرف» الطباعي والجمالي الذي درج عليه العديد من الكُتّاب والمؤلفين، من العرب وغير

134

العرب، منذ ظهور الصورة الفوتوغرافية وتطور فنون الطباعة الخاصة بالصورة والكتاب.

ولو أن مسألة وضع الصور الشخصية للكُتّاب والمؤلفين على الظهر الخارجي لأغلفة أعمالهم المطبوعة، هي بمثابة تقليد ما زال مستمراً، ومعمولاً به، من قِبَل العديد من الكُتّاب والمؤلفين، منذ زمن بعيد وإلى اليوم. لكن الإجراء الجمالي والطباعي الخاص بوضع وبطبع هذه الصور على أغلفة الأعمال المطبوعة، يظل كذلك محكوماً ــ في مجمله ــ بنوع من الوعي الجمالي والطباعي أيضاً لهذا المؤلف أو ذاك.

إذ نجد ــ على سبيل المقارنة ــ من بين هؤلاء الشعراء أو الكُتّاب من يتعامل مع هذا الإجراء، أو مع هذه المسألة بنوع من السذاجة الفنية والتلقائية كذلك، ولا يتوفق ــ غالباً ــ في اختيار الصورة المناسبة لصورة الكاتب ولشكله الرمزي والاعتباري. مما يجعل هذه الأعمال، الحاملة لصور شخصية، تخلو من الكثير من الإبداعية والرؤية الفنية والجمالية للصورة، وتبدو مثل «بطاقات هوية شخصية»، أو ــ بالأحرى ــ مثل «دفاتر شخصية للحالة المدنية»: تحمل صوراً شخصية خالية من كل دلالة تعبيرية أو جمالية، لتشير فقط إلى الهوية البصرية لصاحب الوثيقة أو صاحب المطبوع.

بينما نجد أحياناً، في حالات أخرى ــ ضمن نفس الإجراء ــ تصورات متقدمة نسبياً، بل وعلى درجة عالية من الإبداعية، ومن الوعي الجمالي والبصري بدلالة الصورة وقيمتها التعبيرية حين تواجدها على صفحة من صفحات العمل المطبوع. بما في ذلك

الصورة الشخصية للكاتب أو المؤلف نفسه. وهذه مسألة، يمكن القول بأن الوعي الجمالي بها، بدأ يتنامى حالياً مع تجارب العديد من المؤلفين والكتاب في هذا الإطار. ولو أن هذا الوعي بقيمة الصورة الشخصية للكاتب، كما بقيمته الرمزية، ليس جديداً على الساحة الثقافية، وعلى تقاليد الطبع في البلاد العربية.

حيث كان «محمد بنيس» ـ ضمن نفس التجربة ـ ربما من السباقين في المغرب لامتلاك هذا الوعي الجمالي بالصورة وقيمتها التعبيرية. وكان قد توفق كثيراً ـ في نظرنا، وضمن معايير نفس الوعي ـ في وضع صورة شخصية له على ظهر غلاف مجموعته الشعرية الكاليغرافية (في اتجاه صوتك العمودي). إذ لجأ الشاعر إلى خيار جمالي آخر، متوفر، وذكي، وفيه الكثير من التعبيرية والابتكارية. حيث أسْنَدَ «بنيس» ـ وقتها ـ إلى الفنان التشكيلي الراحل محمد القاسمي مهمة إنجاز صورة شخصية له، على شكل رسمة أو تخطيط لوني لوجه الشاعر وصورته، ليضعها في كامل «التباسها» و«غموضها» أو ربما حتى «تَشَوُّشِها» الفني والتعبيري كذلك، على ظهر غلاف مجموعته الشعرية الخطية المذكورة.

وكأن «بنيس»، كان يقصد من وراء هذا الإجراء الجمالي الذكي حينها، تجاوز كل أشكال «التنميط» و«المُطابَقة» التي قد تفرضها ـ هنا أو هناك ـ تلك العين «الباردة» أو «المحايدة» لآلة التصوير الفوتوغرافي على وجه الشاعر وصورته الشخصية. أو ربما كان «بنيس» يرغب فقط في تجاوز «شُبهات» ذلك «الووح» الصارخ للفوتوغرافيا في آخر المطاف؟

(أعلاه: ظهر غلاف مجموعة «حميش» الشعرية: «ثورة الشتاء والصيف»)

(أعلاه: ظهر غلاف مجموعة محمد بنيس: «في اتجاه صوتك العمودي»، تتوسطه صورة شخصية للشاعر على شكل رسمة خطية من إنجاز الفنان محمد القاسمي)

لكن الأهم في ذلك ــ بالنسبة لغلاف مجموعة ‹‹حميش›› الشعرية، وارتباطاً بموضوع قراءتنا لهذا العنصر في البحث ــ هو رغبة الشاعر أو إصراره على مواصلة وخَتْم تجربته الشعرية الخطية، بنفس الملمح أو العنصر الخطي الذي طَبَع جُلّ قصائده التي تضمنتها المجموعة. إذ يضع ‹‹حميش›› على مسافة بيضاء واضحة من صورته الفوتوغرافية الشخصية، وتحديداً وسط أسفل ظهر الغلاف، قصيدة أو ‹‹طلقة›› شعرية أخيرة من دون عنوان. بلون رمادي قاتم وقريب نسبياً من اللون الأسود، تطبعها جمالية خطية واضحة، ومتناسقة الحروف والكلمات، خالية تماماً من أي علامة ترقيم، ومعززة أو ــ بالأحرى ــ مزينة بعلامات، ووحدات خطية، وحركات ضَبْط لُغوي وإعرابي، تساهم ــ بشكل لافت ــ في تشكيل التناغم البصري للكتلة الخطية للمتن.

وكأن الشاعر أو ‹‹الفارس ذي الخال الذي راود الوردة››[62]، يضع بذلك، ‹‹وصيته›› الأخيرة، أو نص الختام. مُرسِلاً ــ بذلك أيضاً ــ إشارته الواضحة إلى ‹‹الأحبة›› وإلى ‹‹رفاق النضال›› في ‹‹مشروع الوردة››[64]. هو المشرع أو ‹‹الحلم›› أو ‹‹الأمل›› أو ‹‹الثورة›› التي قد لا تتحقق ــ ربما ــ في أرض ‹‹السياسة››، وينبغي نقلها إلى أرض الشعر والجمال والكتابة.

وإذا أردنا ــ هنا أيضاً في آخر هذا البحث أو المقاربة المركزة لنماذج خطية من تجارب الشعراء المؤسسين للتجربة الشعرية الكاليغرافية المعاصرة في المغرب ــ إعادة استحضار سؤال التلقي والقراءة النقدية لهذه التجارب في المغرب، وخصوصاً موقف الناقد

المغربي نجيب العوفي، من تجربة «حميش» تحديداً. هو الموقف الذي يبدو ـ بالرغم من «ازدواجيته» و«مرونته» تجاه هذا الأخير، متسامحاً نوعاً ما ومحملاً بما يشبه «الإدانة» في نفس الوقت. إذ يعيد أو يكرر «العوفي» ـ هنا ولو بشكل آخر ـ كذلك نفس الموقف «الضِدّي» الذي سبق وأن أبداه تُجاه تجربة محمد بنيس الخطية.

يقول نجيب العوفي، لكن بصدد تجربة أخرى لحميش هذه المرة (مجموعته الشعرية الخطية الثانية «كُنّاش إيش تقول»): «إن بنسالم حميش في (كُنّاش إيش تقول) يحاول أن يستعيد أمجاد الدادية والشعر الباروكي، في وطن ما زال الإنسان فيه يبحث عن كسرة الخبز، قبل أن يحلم بعقد نضيد من اللؤلؤ»[64].

وبما أن «ثورة» بنسالم حميش، كما اشتهاها في اللغة واللون والكتابة، كانت عكس ما تمناه: «ثورة» على الشكل فقط، وظلت ـ في الواقع السياسي ـ حلماً مُجهَضاً وبعيد المنال على الأرض، ألم يكن من الممكن ـ ربما بالنسبة لشاعر «الوردة» أو «فارسها» أيضاً ـ جعل هذه القصيدة الأخيرة ـ في تدوينها الخطي أو في هيئتها البصرية على ظهر الغلاف ـ فقط على شكل وردة حتى تكتمل وتتطابق الدلالة؟.

هوامش الفصل الثالث:

1 – المقصود هنا: التجارب الشعرية الكاليغرافية الأولى للشعراء: محمد بنيس – بنسالم حميش – عبد الله راجع وأحمد بلبداوي. باعتبارها التجارب المؤسسة لهذا الاتجاه، بغض النظر عن مسألة «أحقية» السبق أو أسبقية من أسس لهذه التجربة لأول مرة. إذ عرفت مسألة «الأسبقية» – بدورها في هذا الإطار – نقاشاً وجدالاً حاداً وقتها بين محمد بنيس وبنسالم حميش، حول من له منهما الأحقية في هذا السبق.

2 – د. جميل حمداوي، القصيدة الكونكريتية في الشعر المغربي المعاصر، دراسة منشورة على الإنترنت، انظر الرابط التالي:

http://www.adabfan.com/studies/3787.html

3 – المصدر: محمد الماكري، الشكل والخطاب: مدخل لتحليل ظاهراتي، مرجع سبق ذكره، ص 245.

4 – يكتفي «الماكري» – هنا – بذكر مجموعة شعرية واحدة فقط لبنسالم حميش، وهي: «كناش إيش تقول»، ولم يقم بذكر المجموعة الشعرية الثانية لنفس الشاعر، والموسومة: «ثورة الشتاء والصيف»، ضمن حديثه عن الأعمال الشعرية المغربية الكاليغرافية التي صدرت في هذا الإطار، وذلك لأن الماكري لم يكن ربما يتوفر على هذه المجموعة أثناء إنجازه لدراسته، أو ربما لسبب آخر لا نعلمه؟ وهي المجموعة الشعرية التي استطعنا الحصول عليها، واخترنا الاشتغال على بعض النماذج من نصوصها الكاليغرافية في هذا الكتاب.

5 – محمد الماكري، الشكل والخطاب: مدخل لتحليل ظاهراتي، مرجع سبق ذكره، ص 231 – 232.

6 – المرجع نفسه، ص 232 – 233.

7 – يمكن الإشارة – هنا على سبيل المثال لا الحصر – إلى نموذج من هذه القراءات: ما كتبه نجيب العوفي بصدد التجربة الخطية لمحمد بنيس. هي القراءة التي لم تنتبه بما فيه الكفاية للمنحى التعبيري والجمالي والمكاني في هذه التجربة، وجاءت محكومة بمقتضيات المنهج «التاريخي – الاجتماعي» الذي ظل «نجيب العوفي» يعتقنه.

8 – طبق «الماكري» في دراسته للتجارب الشعرية الكاليغرافية المغربية التحليل الفينومينولوجي، الذي ينتمي إلى الاتجاه الظاهراتي أو الفينومينولوجيا (Phenomenology). وهي مدرسة فلسفية تعتمد على الخبرة الحدسية للظواهر كنقطة بداية (أي ما تمثله هذه الظاهرة في خبرتنا الواعية). ثم تنطلق من هذه الخبرة لتحليل الظاهرة وأساس معرفتنا بها. غير أنها لا تدعي التوصل لحقيقة مطلقة ومجردة، سواء في الميتافيزيقا أو في العلم، بل تراهن على فهم نمط حضور الإنسان في العالم. ويمكن أن نرصد بداياتها مع هيغل. كما يعتبر «إدموند هوسرل» مؤسساً لهذه المدرسة، تلاه في التأثير عليها عدد من الفلاسفة مثل: هايدغر وسارتر وموريس ميرلو بونتي وريكور. وتقوم هذه المدرسة الفلسفية على العلاقة الديالكتية بين الفكرة والواقع. انظر الرابط التالي على الإنترنت:

http://ar.wikipedia.org/wiki/%D8%B8%D8%A7%D987%%D8%B1
%D8%A7%D8%AA%D98%A%D8%A9

9 – عبد الله راجع، القصيدة المغربية المعاصرة: بنية الشهادة والاستشهاد (الجزء الأول) – منشورات عيون، الدار البيضاء، ط 1، 1987، ص 197.

10 – د. محمد السرغيني، قراءات البياضات الشيقة لبوجمعة العوفي، الملحق الثقافي لجريدة «العلَم» المغربية (السبت فبراير 2003)، ص 3.

11 – المرجع نفسه، ص 3.

12 – قراءة بتوجه يبحث عن مقومات الجمال في النص الأدبي البصري، من خلال استحضار وتشغيل مَرِن لمفاهيم إستطيقية من قَبيل: «الروعة، والتناسب، والتوازي، والتوازن، والازدواج، والتماثل، والائتلاف، والاختلاف...» وغيرها.

13 – محمد بنيس، هكذا كلمني الشرق موسم الحضرة، الثقافة الجديدة، العدد 19، مطبعة الأندلس، الدار البيضاء 1981.

14 – المقصود هنا: العدد 19 من مجلة «الثقافة الجديدة» المغربية وكِتَاب محمد الماكري «الشكل والخطاب: مدخل لتحليل ظاهراتي» الوارد ذِكُر هما سابقاً.

15 – د. يمنى العيد، في القول الشعري، دار توبقال للنشر، الطبعة الأولى 1987، ص 149.

16 – المصدر: مجلة «الثقافة الجديدة»، العدد 19، مرجع سبق ذكره، ص 98.

17 – المصدر: محمد الماكري، الشكل والخطاب: مدخل لتحليل ظاهراتي، مرجع سبق ذكره، ص 241.

18 المصدر: محمد الماكري، الشكل والخطاب: مدخل لتحليل ظاهراتي، مرجع سبق ذكره، ص 243.

19 – لا بد من الإشارة – هنا – إلى أن تخطيط المجموعة الشعرية (في اتجاه صوتك العمودي) للشاعر محمد بنيس، تم إنجازه عبْر وسيط هو الخطاط عبد الوهاب البوري، لكن بتوجيه وإشراف من الشاعر نفسه، كما هو الحال بالنسبة للتجربة الشعرية الخطية لعبد الله راجع التي أنجِزتْ أيضاً عبر وسيط أو خطاط آخر، فيما قام الشاعر أحمد بلبداوي بتدوين قصائده بخط يده، أما الشاعر بنسالم حميش، فيأتي بين الخيارين أو بين الإنجازين، إذ توزع الإنجاز الخطي لمجموعته الحاضرة في هذا البحث: «ثورة الشتاء والصيف»، بين تخطيط الوسيط (الخطاط محمد قرماد) وبين الخط المطبعي، وخط يده.

20 – د. محمد البسيوني، تربية الذوق الجمالي، ط 1، دار المعارف، جمهورية مصر العربية – 1986، ص 35 – 36.

21 – المصدر: محمد الماكري، الشكل والخطاب: مدخل لتحليل ظاهراتي، مرجع سبق ذكره، ص 243.

22 – المصدر: محمد بنيس، في اتجاه صوتك العمودي – مرجع سبق ذكره، ص 19.

23 – د. علي شناوه آل وادي، كانط: عن التجربة الإستطيقية، دراسة منشورة على الإنترنت، انظر الرابط:

http://www.alitthad.com/paper.php?name=News&file=article&s id=72683

24 – المصدر: محمد الماكري، الشكل والخطاب: مدخل لتحليل ظاهراتي، مرجع سبق ذكره، ص 243.

25 – المصدر: محمد بنيس، في اتجاه صوتك العمودي، مرجع سبق ذكره، ص 15.

26 – د. يُمنى العيد، في القول الشعري، مرجع سبق ذكره، ص 150 – 151.

27 – المرجع نفسه – ص 154.

28 – المصدر: مجلة «الثقافة الجديدة»، مرجع سبق ذكره – ص 107.

29 – محمد الماكري، الشكل والخطاب: مدخل لتحليل ظاهراتي، مرجع سبق ذكره، ص 234 – 235، 236 – 237

30 – المصدر: مجلة «الثقافة الجديدة» – مرجع سبق ذكره – ص 106.

31 – بعد رحيل الفنان «جواد سليم»، مؤسس جماعة بغداد للفن الحديث، كان الفنان «شاكر حسن آل سعيد» زعيم جماعة بغداد، قد أعلن عن تأسيس تجمع أو جماعة «البعد الواحد» (في نيسان 1971)، ليواصل مشروعه الثقافي والفني المُتَّسم بأبعاده التراثية، بعدما فقد الأمل في إعادة الحياة والنشاط إلى صفوف جماعة بغداد للفن الحديث التي بدأت تفقد دورها الفني منذ أوائل الستينيات. وقد تَكَوَّن تجمع «البعد الواحد» في بداية الأمر من ستة فنانين عراقيين، يجمعهم الاهتمام المشترك باستلهام الحروف العربية في العمل الفني التشكيلي وهم: شاكر حسن آل سعيد (1925)، جميل حمودي (1924)، محمد غني حكمت (1929)، عبد الرحمن الكيلاني، ضياء العزاوي (1939) ورافع الناصري (1940). وقد افتتح المعرض الفني الأول لهذا التجمع في 28 كانون الثاني 1971 بقاعة المتحف الوطني للفن الحديث في بغداد. والجديد في هذا المعرض أنه لم يكن معرضاً فنياً فقط، بل كان معرضاً وثائقياً مشفوعاً بكتاب بعنوان (البعد الواحد... الفن يستلهم الحرف)، وهو من إعداد شاكر حسن آل سعيد، وتضمن آراء بعض الفنانين المشاركين في هذا المعرض، بالإضافة إلى عدد من المقالات التي تتحدث عن دور الحَرف في الثقافة والفنون العربية والإسلامية. للمزيد من التفاصيل، انظر الرابط التالي على الإنترنت: http://www.althakafaaljadeda.com/322-323/26. htm

32 – عبد الجليل ناظم، الكتابة والجسد في أعمال محمد بنيس، كتاب محمد بنيس: الكتابة والجسد، منشورات مجموعة الباحثين الشباب في اللغة والآداب، كلية الآداب والعلوم الإنسانية، مكناس، 2007، ص 11.

33 – عبد الجليل ناظم، الكتابة والجسد في أعمال محمد بنيس، كتاب محمد بنيس: الكتابة والجسد، ص 12 – 13.

34 – المصدر: محمد بنيس، في اتجاه صوتك العمودي، مرجع سبق ذكره، ص 93.

35 ــ عبد اللطيف بنداود، قراءة تحليلية لمجموعة «في اتجاه صوتك العمودي»، مجلة «الثقافة الجديدة»، مرجع سبق ذكره، العدد 19، ص 81.

36 ــ نجيب العوفي، الحداثة الشعرية، ولزوم ما لا يَلزَم (ملاحظات في الإبداع المغربي المعاصر)، دار النشر المغربية، الدار البيضاء، 1983، ص 31.

37 ــ المرجع نفسه، ص 59 ــ 60.

38 ــ نجيب العوفي، مساءلة الحداثة، سلسلة «شراع»، طنجة ــ العدد 5، يوليو 1996، ص 60.

39 ــ خالد بلقاسم، مقال منشور على الإنترنت، انظر الرابط التالي:

http://poetassinfronteras.aceboard.fr/1765400--17651-3313-Maison-Poesie-Maroc-Ahmed-Belbedaoui.htm

40 ــ المصدر: محمد الماكري، الشكل والخطاب: مدخل لتحليل ظاهراتي، مرجع سبق ذكره، ص 245.

41 ــ المصدر: محمد الماكري، الشكل والخطاب: مدخل لتحليل ظاهراتي، مرجع سبق ذكره، ص 248.

42 ــ المصدر نفسه، ص 248.

43 ــ المصدر: محمد الماكري، الشكل والخطاب: مدخل لتحليل ظاهراتي، مرجع سبق ذكره، ص 248.

44 ــ أحمد بلبداوي، نقلاً عن محمد الزموري في: «محمد بنيس: الكتابة والجسد»، مرجع سبق ذكره ــ ص 41، 42.

45 ــ المصدر: محمد الماكري. الشكل والخطاب: مدخل لتحليل ظاهراتي. مرجع سبق ذكره. ص 245.

46 ــ المصدر: محمد الماكري. الشكل والخطاب: مدخل لتحليل ظاهراتي. مرجع سبق ذكره. ص 238.

47 ــ بنسالم حميش. ثورة الشتاء والصيف (شعر) ــ منشورات «البديل» ــ الدار البيضاء ــ 1982.

48 ــ يضع «حميش» لمجموعته الشعرية (ثورة الشتاء والصيف)، في الصفحة

الرابعة التصدير التالي: (بيتان شعريان من الديوان الزجلي لـ «سيدي عبد الرحمان المجذوب»):

عَيَّطتُ عيْطة حنِينة   فَيَّقت مَـنْ كان نـايم

ناضوا قلوب المحنة   ورقدوا قلوب البهايَم

49 – يُورِد «حميش» في بداية القصيدة ونهايتها «مطلع النشيد الثوري» مترجماً إلى اللغة العربية، والذي نصه: «والشعب وحده لن يُغلب» (بضم الياء). بينما يُورِد في الهامش نفس المطلع بلغته الإسبانية الأصلية. والذي نصه: «El pueblo unido jamas sera vencido».

50 – المصدر: بنسالم حميش، ثورة الشتاء والصيف، مرجع سبق ذكره، ص 10.

51 – المصدر: بنسالم حميش، ثورة الشتاء والصيف، مرجع سبق ذكره، ص 38 – 39.

52 – المصدر: بنسالم حميش، ثورة الشتاء والصيف، مرجع سبق ذكره، ص 26.

53 – المصدر: بنسالم حميش، ثورة الشتاء والصيف، مرجع سبق ذكره، ص 25.

54 – المصدر: بنسالم حميش، ثورة الشتاء والصيف، مرجع سبق ذكره، ص 37.

55 – المصدر: بنسالم حميش، ثورة الشتاء والصيف، مرجع سبق ذكره، ص 37.

56 – المصدر: بنسالم حميش، ثورة الشتاء والصيف، مرجع سبق ذكره، ص 56 – 57.

57 – المصدر: بنسالم حميش، ثورة الشتاء والصيف، مرجع سبق ذكره، ص 86 – 87.

58 – المصدر: بنسالم حميش، ثورة الشتاء والصيف، مرجع سبق ذكره، ص 80 – 81.

59 – المصدر: محمد الماكري، الشكل والخطاب: مدخل لتحليل ظاهراتي، مرجع سبق ذكره، ص 241.

60 – المصدر: مجلة «الثقافة الجديدة»، العدد 19، مرجع سبق ذكره، ص 99.

61 – المصدر: محمد بنيس، في اتجاه صوتك العمودي، مرجع سبق ذكره، ص 65.

62 – المصدر: محمد الماكري، الشكل والخطاب: مدخل لتحليل ظاهراتي، مرجع سبق ذكره، ص 296.

63 – تعبير يرِد ضمن مطلع قصيدة «حميش» الأخيرة، والمطبوعة على ظهر غلاف مجموعته الشعرية «ثورة الشتاء والصيف».

64 – الوردة هي الهوية البصرية أو رمز حزب «الاتحاد الاشتراكي للقوات الشعبية» اليساري المغربي الذي ما زال يحمله لحد الآن، والذي كان «حميش» وغيرُه من الشعراء والمثقفين المغاربة ينتمون إليه أو يتعاطفون مع مبادئه.

65 – نجيب العوفي، درجة الوعي في الكتابة (دراسات نقدية) – دار النشر المغربية، الدار البيضاء – أبريل 1980. ص 142.

خاتمة

في خاتمة هذا الكتاب، نعيد التأكيد هنا، (وبنوع من الإيجاز لِمَا سبق تناولُه)، على أن علاقة اللساني بالبصري، أو المقروء والمرئي، سواء في الثقافات الشفاهية أو الكتابية، هي أيضاً ما ظَلَّ يفرضه هذا التمايز الملحوظ للصيغ والحدود التدوينية والتوصيلية، المميزة لكل من المقروء (كلغة مكتوبة)، والمرئي (كأشكال وعلامات ورموز غير لسانية)، ولو أن كل مقروء هو بالضرورة مرئي، ويمكن إبصاره كعلامات، أو كأشكال وكتل خطية، قد تتخذ لها، في التمظهر، شكلاً بصرياً «أيقونياً» أو «أيقونوغرافياً».

ومن هنا، يمكن الحديث أيضاً داخل القصيدة البصرية، وضمن أشكال تمظهُر الكلمة (كعلامة مكتوبة أو مرسومة) على الحامل النصي، وانتقال طبيعة هذه الكلمة ودلالتها، من المقروء إلى المرئي، ومن اللساني إلى البصري، أو حتى إقامتها في المنطقتين معاً، عن العديد من أوجُه هذا التمظهر أو هذا الانتقال، ثم عن نوع من التبادل الدلالي والوظيفي للخطي والتصويري معاً. إذ يكون بوسع الكلمات

المكتوبة أن تصبح صورة أو أيقونة، ويكون بمقدور الصورة أن تتشكل أيقونياً أيضاً من الكلمات.

ثم إن الحديث عن الفضاء ــ في علاقته بالنص الشعري البصري، هو حديث ــ بالدرجة الأولى ــ عن تجسيد مادي ومرئي لهذا النص داخل الفضاء. سواء كان هذا الفضاء في ملمحه النصي (حين يشكل النص المكتوب تمظهره البصري الأساسي على الصفحة، ويكون بإمكاننا قراءته قراءة خطية وفق تركيب لفظي ودلالي معين)، أو في ملمحه الصوري ــ التصويري (حين تتشكل هيئة النص المكتوب أو صورته على الصفحة كذلك تمظهره البصري، لكن من دون ضرورة توفر شرط القراءة الخطية للنص وفك دلالته)، أو حتى في ملمحه الأيقوني كذلك: حين تأخذ هيئة النص على الصفحة شكل أيقونة، من خلال عمليات المماثلة أو المشابهة، التي تحيل بالضرورة على صورة أو هيئة أو شكل شيء ما موجود في الواقع. كأن يأخذ النص في ترسيمه الخطي، على سبيل المثال، شكل شجرة أو مزهرية أو كرسي أو ما شابه ذلك...

من كل هذه المنطلقات والغايات التي سبق ذكرها، جاءت «بيانات الكتابة» في التجربة الشعرية العربية المعاصرة («بيان الحداثة» لأدونيس)، وبَعدها التجربة الشعرية المغربية (البيانات الشعرية لكل من: محمد بنيس، وعبد الله راجع على وجه التحديد) بمثابة وعي نظري بقيمة البصري والمكاني في القصيدة. هو الوعي الجمالي الذي حصل ــ بشكل أو بآخر ــ لدى بعض الشعراء المغاربة الذين أصدروا هذه البيانات في مرحلة معينة من مسار كتابتهم أو تجاربهم النصية.

إذ جاءت على شكل تأملات ومساءلات واقتراحات نظرية، أو – بالأحرى – في شكل مشاريع تنظيرية طرحوا من خلالها تصوراً نظرياً يعضد أو يفسر – في منحى آخر – تجاربهم الإبداعية الخطية أو الكاليغرافية على وجه الخصوص.

وبذلك، سيطرح هذا الترتيب، أو الإجراء التدويني والإخراجي للقصائد على الصفحات في التجربة الكاليغرافية المغربية برمتها، سواء من حيث الخصائص الشكلية لهذه التجربة، أو من حيث قيمتها ودلالتها التعبيرية والجمالية مسألة التوجيه القسري لعين القارئ، وطريقة تعامله مع المتن الموجود بداخله. إذ تم – بشكل أو بآخر – تكسير إيقاع القراءة أو تغيير عادتها – على الأصح – لدى قارئ تعَوّد على مداخِلَ فضائية وبصرية، محكومة في أغلبها باتجاه طولي أو عمودي ثابت وشبه مستقر، يجعل عملية القراءة محكومة أيضاً بحركة العين المنحدرة أو الهابطة – في الغالب – من الأعلى إلى الأسفل.

على هذا الأساس، كان الحديث، في كتابنا هذا، عن التشكيل البصري في التجربة الشعرية العربية المعاصرة، وضمنها التجربة المغربية كنموذج، هو بالضرورة حديث عن رهان جمالي وبصري لهذه التجربة. رهان يعمل على نقل القصيدة إلى آفاق أخرى، تطبعها أساساً شعرية المغايرة والاختلاف وأسئلة الكتابة. أي بالمعنى الذي تكون من خلاله هذه الكتابة قادرة على مجاوزة كتابة السماع والإنشاد نحو كتابة البصر وشعرية العين. ومِنْ ثَمّ، كان على بعض هذه النماذج الشعرية المعاصرة والمغايرة في المغرب والعالم العربي، أن تقوم بالعديد من المحاولات لتتجاوز تقنيات و«مزايا»، وشعرية السماع،

نحو كتابة البصر، وتؤسس، بالتالي وبنفس الإصرار، لشعرية العين، ولقصيدة التشكيل على وجه التحديد.

باعتبار المتلقي العربي عموماً قد غيّر كثيراً من نمط استقباله للشعر، ولم يعد مكتفياً بخَصِيصة السماع فقط. خصوصاً حين أعادت الوسائط الحديثة، وكثافة البصري وخصوبته، ترتيب خصائص التواصل والتلقي في المسموع والمرئي على حد سواء. وذلك وفق لغاتها، وخطاباتها الإيحائية، وانفجارها العلاماتي المذهل.

ثم إن الحديث عن شعرية جمالية وبصرية قرينة للقصيدة العربية المعاصرة، خصوصاً في بعض أشكالها التي راهنت منذ البداية على حضور الخطاب الجمالي والبصري في هذه القصيدة، قد لا يكتمل إلا بالحديث عن الوجه الآخر لهذا القرين المقترح وعن شعريته كذلك. إنه القرين الجمالي، المتجسد في الفن التشكيلي بجميع أنواعه وتعبيراته. هو الخطاب الجمالي الموازي الذي أضحى – في العديد من التجارب الشعرية العربية المعاصرة – ناظماً أساسياً لها في آخر المطاف.

هكذا، أصبحت الكتابة الشعرية المعاصرة في المغرب بدورها، متصلة أو منفتحة أكثر على وعيها البصري وجماليته وخصائصه وخطاباته الدالة كذلك، بل متمثلة – في بعض الإنجازات الإبداعية – لجل أدوات وتقنيات هذا الصقع. وأصبح الحديث ممكناً، في كنف هذه التجارب الشعرية – البصرية الجديدة، عن: «قصيدة الفضاء»، و«قصيدة اللون»، و«قصيدة الحركة»، و«قصيدة البياض»، و«قصيدة الفراغ»... وما إلى ذلك من التسميات والتوصيفات التي تربط الكتابة الشعرية بالحقل الجمالي وبأدواته وخصائصه التعبيرية والجمالية.

بيبليوغرافيا وويبيوغرافيا الكتاب

– المصادر بالعربية:

– ابن عربي محي الدين، الفتوحات المكية، تحقيق د. عثمان يحيى، مراجعة إبراهيم مدكور، الهيئة المصرية العامة للكتاب، س 1، 2008.

– الأندلسي ابن حزم، طوق الحمامة في الألفة والآلاف، دار الجبل – بيروت، 2004.

– الموسوعات الإلكترونية:

http://ar.wikipedia.org

– الدواوين والمتون والنماذج الشعرية المدروسة في الكتاب:

– بلبداوي أحمد، حدّثنا مَسلوخُ الفَقْر وَرْدي (شعر)، مؤسسة «بنشرة» للطباعة والنشر بالدار البيضاء، الطبعة الأولى، 1983.

– بنيس محمد، في اتجاه صوتك العمودي (شعر)، قصائد كتبت بين سنوات (1973 و1975) – تخطيط عبد الوهاب البوري – مطبعة الأندلس، الدار البيضاء، (بدون تاريخ).

– بنيس محمد، هكذا كلمني الشرق موسم الحضرة (شعر)، مجلة الثقافة الجديدة، العدد 19 – مطبعة الأندلس، الدار البيضاء 1981.

– حميش بنسالم، ثورة الشتاء والصيف (شعر)، منشورات «البديل»، الدار البيضاء – 1982.

– راجع عبد الله، سلاماً وليشربوا البحار (شعر)، سلسلة الثقافة الجديدة، مطبعة الأندلس سنة 1981.

– المراجع بالعربية:

– البسيوني محمد، تربية الذوق الجمالي، ط 1، دار المعارف، جمهورية مصر العربية، 1986.

– الزموري محمد، الشعر والجسد: تجليات تجربة شعرية جديدة، جماعة من الباحثين، منشورات كلية الآداب والعلوم الإنسانية – مكناس، مطبعة أنفو برانت، 2007.

– العوفي نجيب، الحداثة الشعرية، ولزوم ما لا يَلزَم... جدل القراءة: ملاحظات في الإبداع المغربي المعاصر، دار النشر المغربية، الدار البيضاء، 1983.

– العوفي نجيب، درجة الوعي في الكتابة (دراسات نقدية)، دار النشر المغربية، الدار البيضاء – أبريل 1980.

– العوفي نجيب، مساءلة الحداثة، سلسلة «شراع»، طنجة – العدد 5، يوليو 1996.

– العيد يُمنى، في القول الشعري، دار توبقال للنشر – الطبعة الأولى 1987.

– الماكري محمد، الشكل والخطاب: مدخل لتحليل ظاهراتي، المركز الثقافي العربي، كانون الثاني، الطبعة الأولى 1992.

– بنيس محمد، حداثة السؤال، دار التنوير للطباعة والنشر – بيروت، الطبعة الأولى 1985.

– بوسريف صالح، الكتابة في الشعر العربي المعاصر (أطروحة مرقونة لنيل شهادة الدكتوراه – تحت إشراف د. العربي الحمداوي – كلية الآداب والعلوم الإنسانية ظهر المهراز فاس – 2002 / 2003).

– راجع عبد الله، القصيدة المغربية المعاصرة: بنية الشهادة والاستشهاد (الجزء الأول) – منشورات عيون، الدار البيضاء، ط 1، 1987.

– علي أحمد سعيد (أدونيس)، فاتحة لنهايات القرن: بيان من أجل ثقافة عربية جديدة، دار العودة – بيروت، الطبعة الأولى، 1980.

– مفتاح محمد، دينامية النص (تنظير وإنجاز)، المركز الثقافي العربي، بيروت، الطبعة الأولى 1987.

– ناظم عبد الجليل، الكتابة والجسد في أعمال محمد بنيس، كتاب محمد بنيس: الكتابة والجسد، منشورات مجموعة الباحثين الشباب في اللغة والآداب، كلية الآداب والعلوم الإنسانية، مكناس، 2007.

‏– المراجع بالفرنسية:

— A. Tajan et G. delage. Ecriture et structure. Edition Payot. 1981.

— Cloutier Jean. L'ère d'EMEREC ou la communication audio-scriptovisuelle. 2ème édition. Les presses de l'université de Montréal. Canada. 1975.

— Groupe U: traité du signe visuel: Pour une rhétorique de l'image / éditions du Seuil. Janvier 1992.

— Henri Meschonnic. Critique du Rythme, anthropologie historique du langage. Ed. Verdier. 2ème édition. 1982.

— J.F.Lyotard. Discours et figures. Ed. Klinckseik 1978.

‏– الدراسات المترجمة (الكتب والمجلات):

‏– إرليخ فيكتور، الشكلانية الروسية، ترجمة محمد الولي، المركز الثقافي العربي، الطبعة الأولى، 2000.

‏– أونج والتر، الشفاهية والكتابية، ترجمة د. حسن البنا عز الدين، مراجعة د. محمد عصفور، عالم المعرفة، المجلس الوطني للثقافة والفنون، الكويت، العدد 182، فبراير 1994.

‏– دوبري ريجيس، حياة الصورة وموتها، ترجمة: فريد الزاهي، أفريقيا الشرق، 2007.

‏– دولودال جيرار، السيميائيات أو نظرية العلامات، ترجمة عبد الرحمان بوعلي، مطبعة النجاح الجديدة، الدار البيضاء، ط1، 2000.

‏– المجلات الورقية بالعربية:

‏– الثقافة الجديدة، العدد 19، السنة الخامسة 1981.

‏– عالم الفكر، العدد 1، المجلد 31، سبتمبر 2002.

‏– المجلات الإلكترونية بالفرنسية (المقالات والدراسات):

— Revue La Licorne. Numéro 23. Publié en ligne le 28 mars 2006 : http://edel.univ-poitiers.fr/licorne/document243.php

‏– الصحف:

‏– الملحق الثقافي لجريدة «العلَم» المغربية، (السبت فبراير 2003).

– الدراسات والمقالات بالعربية (المنشورة على الإنترنت):

– جميل حمداوي، القصيدة الكونكريتية في الشعر المغربي المعاصر:

http://www.adabfan.com/studies/3787.html

– خالد بلقاسم، دراسة منشورة على الإنترنت:

http://poetassinfronteras.aceboard.fr/1765400--17651-3313-Maison-
Poesie-Maroc-Ahmed-Belbedaoui.htm

– علي شناوه آل وادي، كانط: عن التجربة الإستطيقية:

http://www.alitthad.com/paper.php?name=News&file=article&s
id=72683

**– المواقع والروابط الخاصة بمصادر بعض الإحالات، والإضاءات، والوثائق
البصرية، على الإنترنت:**

http://ar.wikipedia.org/wiki/%D8%B8%D8%A7%D987%%D8%B1
%D8%A7%D8%AA%D98%A%D8%A9

http://fr.wikipedia.org/wiki/Art_corporel

http://fr.wikipedia.org/wiki/Groupe_%C2%B5

http://image.linkinn.com/userfile/pictures_0803/Image/50D097_png.jpg

http://www.althakafaaljadeda.com/32226/323-.htm

الفهرس